펠트·양모·바느질로 만드는 아델의 **핸드메이드 소품**

아기자기한 소품 DIY

펠트·양모·바느질로 만드는
아기자기한 소품 DIY

초판 1쇄 발행 2014년 5월 2일

지은이 | 정현아
펴낸이 | 박숙향
펴낸곳 | 마음상자
총괄·진행 | 김석일
기획 | 홍성근
마케팅 | 정희용
교정 | 오유리
일러스트 | 김진철
편집디자인 | 성연미
신고번호 | 제251000-2011-322호
주소 | 서울특별시 마포구 성산동 239-9 중산빌딩 402호
대표전화 | 02)322-0465   **팩스** | 02)322-0466
문의메일 | kotra001@naver.com
홈페이지 | blog.naver.com/mindboxpub
ISBN | 978-89-97737-11-6 13590

Copyright©정현아 2014 (저작권자와 맺은 특약에 따라 검인을 생략합니다)
이 책은 저작권법에 따라 보호받는 저작물이므로 무단전재와 무단복제를 금지하며,
이 책 내용의 일부 또는 전부를 이용하려면 반드시 저작권자와 마음상자의 서면동의를
받아야 합니다.

* 책값은 뒤표지에 있습니다. 잘못된 책은 바꾸어 드립니다.

펠트·양모·바느질로 만드는 아델의 **핸드메이드 소품**

아기자기한 소품 DIY

마음
상자

Prologue

학창시절 메모장 구석에 낙서같은 그림을 그리며 귀엽고 아기자기한 나만의 동화를 꿈꿨습니다. 시각디자인을 전공하고 디자이너로 활동하면서 그 꿈을 이루고 싶었지만 더 나은 환경을 쫓다보니 GUI(graphical user interface)디자인을 하게 되었고 그렇게 꿈꾸던 동화와는 멀어지는 듯 했습니다. 수년간 하던 일을 그만두고 세상과 한 발짝 떨어졌을 때 비로소 어릴 때부터 꿔왔던 꿈이 떠올라 시작한 것이 인형 만들기였습니다. 동대문에 가서 원단 조금과 세일하는 털실 두어개를 사와 인터넷을 뒤적거리며 나만의 인형 만들기를 시작했습니다.

바느질을 하는 동안엔 머릿속 복잡한 생각도 잠시 잊게 되고 인형 머리를 이렇게 할까 저렇게 할까 고민하면서 혼자 히죽히죽 웃기도 했습니다. 그렇게 인형을 통해 저는 위로받고 웃을수 있었고, 같이 바느질하는 친구를 만나고 이웃들과 마음을 나눌 수 있는 새로운 세상을 만나게 되었습니다. 꿈에 다가감을 느끼면서요.

오롯이 나를 위한 인형이였기에 제 인형은 비싼 수입원단이나 빈티지 장식을 사용하지도 않았고 유럽의 어느 작가의 스타일을 참고하지도 않았습니다. 그냥 흔한 재료로 마음 가는대로 만들었습니다. 그래서 제 인형은 세련되거나 고급스러움은 부족할지 모르겠습니다. 하지만 제가 지난 시간 꿈을 꾸며 꼼지락 거리며 느꼈던 가슴 가득한 행복은 모두 담겼습니다. 이 책을 통해 다른 분들께도 그 밝은 행복감을 전해 드리고 싶습니다.

아이들과 수업하면서 고민해서 만든 작품도 많아서 처음 바느질을 시작하시는 분들도 쉽게 따라 만드실 수 있으실 거예요. 바느질이 삐뚤거려도 괜찮고 눈이 짝짝이거나 모양이 딱 맞지 않아도 괜찮습니다. 얼마나 정확하게 만들었느냐 보다는 만드는 시간동안 내가 얼마나 열정적이었는지 얼마나 뿌듯한 기분이 드는지가 중요하다고 생각합니다. 이 책을 보시는 모든 분들이 열정 바느질 하시며 행복하셨으면 좋겠습니다.

이 책이 나오기까지 많은 분들의 도움이 있었습니다.

항상 곁에서 부족함을 채워주고 또 멀리서 응원하며 좋은 에너지를 보내주는 나의 가족, 옆에서 지지해주며 조언을 아끼지 않는 룸메이트, 아낌없는 격려로 힘을 보태주는 바느질 동지 수작모드 멤버(알파카, 프렌, 양뜨기 소녀, 비연, 피츄, 상상써니, 은정언니, 짜아앙 언니), 사진촬영에 도움주신 카페쏭의 쏭님, 고생 많이 하신 김석일 실장님, 이 모든 분들께 감사의 말씀 전합니다. 그리고 저의 블로그에서 애정 듬뿍 보내주시는 이웃님들과 나의 껌딱지 귀요미 뽀솜이와 출간의 기쁨을 함께 하고 싶네요.

저는 오늘도 행복한 미소를 지으며 나만의 동화를 짓고 있습니다.

2014년 정현아

목차 contents

Intro.
Gallery ... 10

1. 펠트 재료 및 바느질법 ... 16
2. 양모 재료 및 바느질법 ... 20
3. 인형 만들기 재료 및 바느질법 ... 23

Part 01
실용성 있는 펠트 소품 만들기

펠트 소품 01 네모난 냥이 네임텍 ... 28
펠트 소품 02 새초롬 다람쥐 카드 케이스 ... 31
펠트 소품 03 달콤 롤리팝 볼펜 ... 34
펠트 소품 04 쿠키 모양 핸드폰 인형 ... 37
펠트 소품 05 따끈따끈 노릇노릇 붕어빵 ... 40
펠트 소품 06 별냥이 티 코스터 ... 43
펠트 소품 07 원형 소품 바스켓 ... 46
펠트 소품 08 나른한 냥이 사각액자 ... 50
펠트 소품 09 빵실 양 파우치 ... 53
펠트 소품 10 두건소녀 동전지갑 ... 57
펠트 소품 11 빨간 수박 파우치 ... 61
펠트 소품 12 아이스크림 키홀더 ... 64

펠트 소품 13 꼬마 벽걸이 함 ········· 67
펠트 소품 14 멜빵 곰 손가방, 핸드폰가방 ········· 71

둘러보면 도움되는 이웃 블로거 ❶ 꼼지락 걸 ········· 74
　　　　　　　　　　　　　　❷ 비연 ········· 76
　　　　　　　　　　　　　　❸ 써니 ········· 80

Part 02

양모 소품 만들기

양모소품 01 양모 볼 목걸이 ········· 86
양모소품 02 쿠키맨 핸드폰 줄 ········· 89
양모소품 03 베어 브로치 ········· 94
양모소품 04 다람쥐 메모꽂이 ········· 99
양모소품 05 미니 크리스마스트리 ········· 106
양모소품 06 노란 새 양모 볼 모빌 ········· 109
양모소품 07 부엉이 가족 ········· 118
양모소품 08 동물친구 토분 핀 쿠션 ········· 123
양모소품 09 사과모자 소녀 ········· 128
양모소품 10 새둥지 머핀 장식 ········· 136

둘러보면 도움되는 이웃 블로거 ❶ 은정이 ········· 142
　　　　　　　　　　　　　　❷ 짜아앙 ········· 144

Part 03

원단을 이용한
동물과 사람
인형 만들기

동물·기타 인형 01 겨울 친구 눈사람 인형 ……………………… 150

동물·기타 인형 02 포그니 토끼 인형 ……………………………… 153

동물·기타 인형 03 달콤한 쿠키 인형 ……………………………… 156

동물·기타 인형 04 대롱대롱 땅콩 인형 …………………………… 160

동물·기타 인형 05 하와이안 고양이 ……………………………… 165

동물·기타 인형 06 폭신한 등 쿠션 거북이 ………………………… 168

동물·기타 인형 07 페인팅 패션 토끼 ……………………………… 172

사람인형 08 꽁지 가방 고리 인형 …………………………………… 175

사람인형 09 컨트리 소녀 쫑아 ……………………………………… 180

사람인형 10 꼬맹이 아가 인형 ……………………………………… 191

사람인형 11 통통 소녀 달코미 ……………………………………… 195

사람인형 12 미소 소녀 동그라미 …………………………………… 201

사람인형 13 봄 소녀 레이나 ………………………………………… 208

둘러보면 도움되는 이웃 블로거 ❶ 프렌 ……………… 216
　　　　　　　　　　　　　　　❷ 피츄 ……………… 220
　　　　　　　　　　　　　　　❸ 알파카 …………… 224

Special Page

헌 양말을 이용한 양말 인형 만들기

양말인형 01 땡그리 몬스터	230
양말인형 02 날고 싶은 아기 부엉이	233
양말인형 03 소풍가는 강아지	237

즐거운 마음으로 열정 바느질 함께해요. 쭈~욱~

Gallery

네모난 냥이 네임텍
28

새초롬 다람쥐 카드 케이스
31

달콤 롤리팝 볼펜
34

쿠키 모양 핸드폰 인형
37

따끈따끈 노릇노릇 붕어빵
40

별냥이 티 코스터
43

원형 소품 바스켓
46

나른한 냥이 사각액자 50

빵실 양 파우치 53

두건소녀 동전지갑 57

빨간 수박 파우치 61

아이스크림 키홀더 64

꼬마 벽걸이 함 67

멜빵 곰 손가방, 핸드폰가방 71

양모 볼 목걸이
86

쿠키맨 핸드폰 줄
89

베어 브로치
94

다람쥐 메모꽂이
99

미니 크리스마스트리
106

노란 새 양모 볼 모빌
109

부엉이 가족
118

동물친구 토분 핀 쿠션
123

사과모자 소녀
128

새둥지 머핀 장식
136

겨울 친구 눈사람 인형
150

포그니 토끼 인형
153

달콤한 쿠키 인형
156

대롱대롱 땅콩 인형
160

하와이안 고양이
165

폭신한 등 쿠션 거북이
168

페인팅 패션 토끼
172

꽁지 가방 고리 인형
175

컨트리 소녀 쫑아
180

꼬맹이 아가 인형
191

통통 소녀 달코미
195

미소 소녀 동그라미
201

봄 소녀 레이나
208

땡그리 몬스터
230

날고 싶은 아기 부엉이
233

소풍가는 강아지
237

펠트 재료 및 바느질법

펠트 인형을 만들 때 사용하는 재료와 바느질법을 소개할게요. 펠트 원단과 가위, 솜, 실과 같은
작업에 필요한 용품, 그리고 꾸며주는 데 사용하는 재료 등이 필요해요.

재료

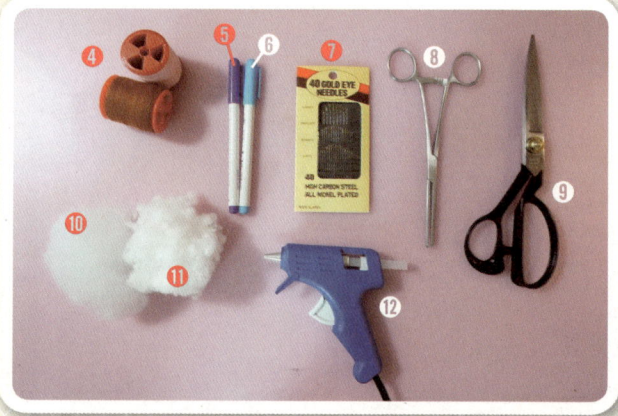

❶ **2mm펠트** : 톡톡한 두께감으로 생활소품 등에 많이 사용되며 단색으로 되어있는 솔리드와 비슷한 색이 섞여있는 멜란지 컬러가 있습니다.

❷ **유수지 펠트** : 두께 1mm의 하드한 펠트지로 보풀이 적어 교구용으로 많이 쓰고 2mm펠트지 위에 덧대어 꾸미는 용도로 씁니다.

❸ **무수지 펠트** : 두께 1mm의 소프트한 펠트지로 보풀이 잘 생겨 장식용 인형에 많이 씁니다.

❹ **펠트전용 실** : 재봉실보다 약간 도톰한 실로 한 줄로 바느질하기에 좋습니다.

❺ **기화성 펜** : 원단에 도안을 그릴 때 사용하며 시간이 지나면 사라집니다.

❻ **수성펜** : 원단에 도안을 그릴 때 사용하며 물이 닿으면 지워집니다.

❼ **바늘** : 원단에 따라 가늘거나 굵은 바늘 중 편한 것으로 선택해 사용합니다.

❽ **겸자** : 솜을 넣을 때 좁고 깊숙한 곳까지 골고루 넣을 수 있습니다.

❾ **재단가위** : 원단을 재단할 때 사용합니다.

❿ **구름솜** : 넓은 곳을 푹신하게 넣을 때 사용합니다.

⓫ **방울솜** : 좁은 곳에 구석구석 단단하게 넣을 수 있습니다.

⓬ **글루건** : 전기로 글루심을 녹여주는 접착제로 접착력이 강하며 빨리 마릅니다.

1. **레이스** : 부분적으로 토숀레이스를 사용하면 엘레강스함을 더할 수 있습니다.
2. **리본** : 리본을 묶어 포인트를 주거나 작품에 끈을 연결할 때 고리로 이용할 수 있습니다.
3. **단추** : 작품을 예쁘게 꾸며주거나 캐릭터의 눈을 표현할 수 있습니다.
4. **샤무드 끈** : 열쇠고리나 가방고리 등 끈이 필요할 경우 사용하면 펠트랑 잘 어울립니다.

바느질법

홈질(러닝 스티치)

가장 기본이 되는 바느질로 일정한 간격으로 원단을 통과하면서 바느질 방향으로 이동합니다.

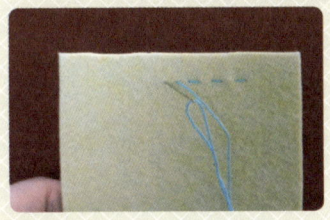

박음질(백 스티치)

홈질보다 튼튼하게 바느질 할 때 사용해요. 왼쪽으로 이동해서 위로 올라온 다음 오른쪽으로 되돌아가서 들어갑니다.

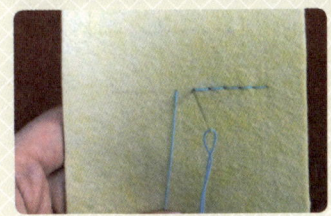

버튼홀 스티치

펠트공예의 기본이 되는 바느질법으로 가장 많이 사용합니다.

- **버튼홀 스티치 시작하기** : 두 장의 원단 사이에서 뒷장으로 나간 후 다시 앞장만 통과해서 통과한 실의 오른쪽으로 나온 다음 원단 두 장을 모두 잡아 통과한 후 뒤에서 실을 걸쳐 빼냅니다.

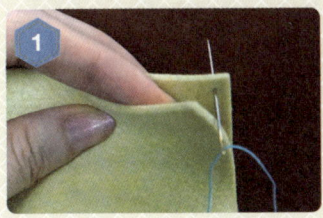  

다음장 계속

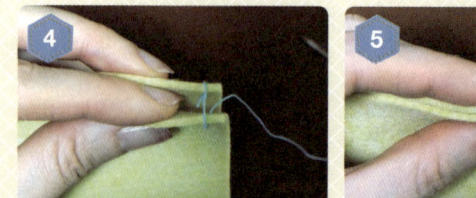  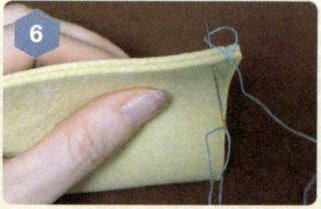

- **버튼홀 스티치 마무리하기** : 마지막 바느질한 곳을 한번 더 통과하면서 실을 다 빼지 않고 고리를 남겨놓은 채 그 고리를 바늘로 통과하면 매듭이 됩니다. 원단 두 장 사이로 들어간 뒤 아무 곳으로 나와서 실을 자르면 마무리됩니다.

 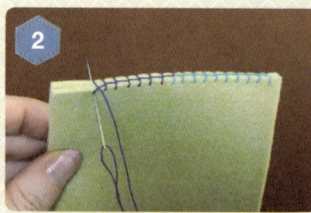 
 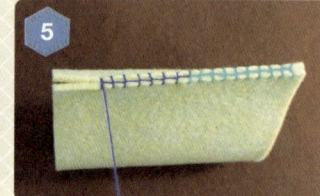 

실 교체

마지막 땀은 앞장만 통과하여 앞장의 뒷면에 매듭짓습니다. 실을 새로 끼운 후 두 장 사이에서 뒷장으로 통과한 후 교체 전에 앞장만 통과했던 실을 걸어준 후 이어서 버튼홀 스티치를 해 줍니다.

 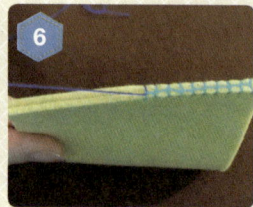 

끼워 박기

세 장을 한 번에 통과하면서 실을 조금 남겨서 고리를 만들어 놓습니다. 끼워 놓은 원단만 통과해서 뒤쪽에서 앞쪽으로 나오면서 고리를 통과합니다.

아플리케

원단 위에 원단을 덧대어 꿰매 주는 바느질법으로 펠트 공예에서 아주 많이 사용해요. 원단을 덧대어 잡고 뒷장에서 앞장 경계선으로 나온 후 앞장의 2mm정도 안쪽에서 뒷장으로 나가는 방법을 반복합니다.

프렌치너트 스티치

씨앗수라고도 하며 캐릭터의 눈을 표현할 때 사용합니다. 원단 뒤에서 매듭을 져서 앞으로 나온 후 바늘에 실을 감아서 나온 자리로 다시 들어갑니다. 실을 감는 횟수에 따라 씨앗크기가 달라지게 됩니다.

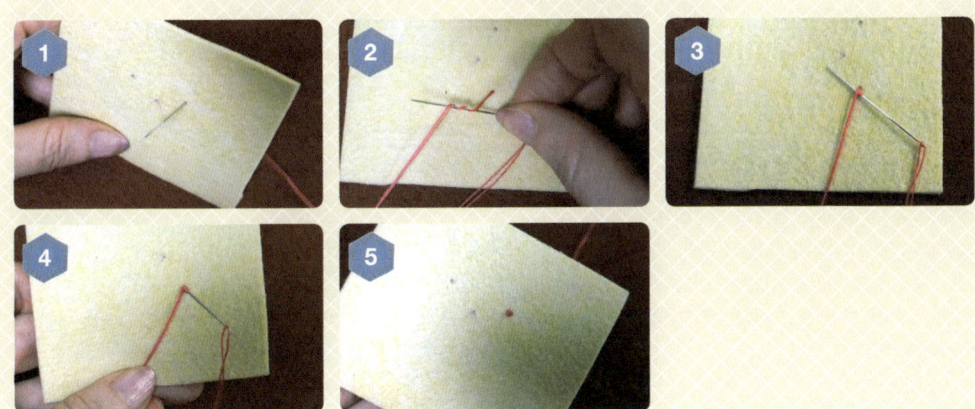

2 양모 재료 및 바느질법

양모 인형을 만들때에는 가장 중요한 재료가 바로 양모에요. 물론 여기에 양모를 다룰 수 있는 다양한 도구도 필요합니다.

재료

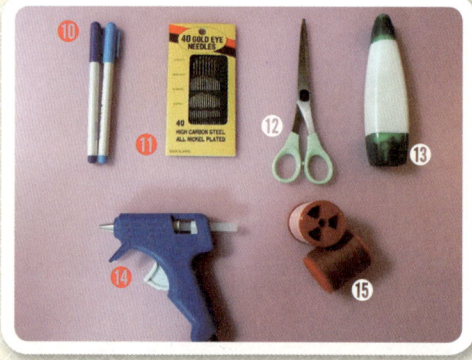

❶ **화살눈** : 뒤가 뾰족하게 긴 화살모양 눈입니다. 양모 인형에 반짝이는 눈을 표현할 때 사용하는데 조금 사이즈가 커지면 콩단추, 작아지면 비즈를 바느질로 달아 표현해 주어도 좋습니다.

❷ **양모 베이스** : 양모의 속을 채우는 용도로 어느 정도 펠트화가 되어 있어서 빨리 뭉칠 수 있어요. 처음 형태를 잡을 때 사용합니다.

❸ **양모** : 양모는 물펠트용인 메리노, 니들펠트용인 코리데일로 나뉘고 코리데일은 결의 곱기에 따라 56수 70수 등으로 나뉘며, 물펠트와 니들펠트에 다 사용할 수 있는 양모도 있습니다. 또 니들펠트용 양모는 다양한 가공을 통해 꼬불꼬불한 형태, 여러 색이 믹스된 형태, 알록달록한 점박이가 있는 형태 등 그 종류가 매우 많으나 이 책에서는 코리데일(호주), 하마나카(일본)의 가장 기본 양모만을 사용했습니다. 처음 시작할 때에는 코리데일 양모로 시작하고 점차 다양한 종류의 하마나카 양모를 활용해 보면 좋습니다.

❹ **송곳** : 화살눈을 끼우기 위해 구멍을 내는 용도로 사용합니다.

❺ **바늘** : 바늘은 일반 굵기와 가는 굵기가 있는데 형태를 만들 때에는 일반 굵기 바늘을 사용하고 마지막에 섬세한 정리를 해줄 땐 가는 굵기 바늘을 사용하면 좋습니다. 처음에 작은 것을 만들 때에는 손잡이 없이 바늘만 잡고 만들어도 됩니다.

❻ **1구 바늘** : 돌돌말은 양모를 찔러 풀어지지 않게 고정해 주는 용도, 깊숙이 찔러야 하는 경우, 세세한 마무리를 할 때 사용합니다.

❼ **3구 바늘** : 큰 덩어리를 빠르게 뭉칠 때 사용합니다. 깊이 들어가면서 1구보다 속도를 더 낼 수 있어서 사용빈도가 높습니다.

❽ **5구 바늘** : 넓은 면적을 펠트화 시킬 때 사용합니다. 가장 속도를 낼수 있는 바늘이기도 하고 5구 바늘로 표면을 매끈하게 정리하는 용도로 많이 사용합니다.

❾ **스폰지** : 양모를 찌를 때 받침대로 사용합니다. 큰 작품을 만들 땐 작품 속을 스폰지로 채우기도 합니다.

⑩ **기화성 펜** : 인형 얼굴에 눈, 코, 입의 위치를 표시해 두는 데 사용합니다.

⑪ **바늘** : 눈이나 입을 수놓을 때 긴 바늘을 사용합니다.

⑫ **가위** : 양모로 선을 펠트화 시켜준 후 그 끝을 자를 경우 사용합니다.

⑬ **접착제** : 양모에 원단을 붙이거나 화살눈을 고정할 때 사용합니다.

⑭ **글루건** : 완성한 작품에 브로치핀을 붙여주거나 할 때 사용합니다.

⑮ **펠트전용 실** : 입이나 눈을 실로 표현해줄 때 도톰한 펠트실이 적당합니다.

바느질법

양모뜯기

• **세로뜯기** : 세로의 결대로 갈라 떼어 줍니다.

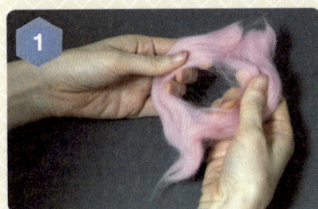 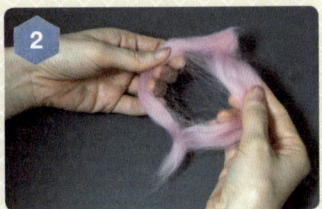

• **가로뜯기** : 양모를 양손으로 멀찍이 잡아 당겨 줍니다. 너무 가깝게 잡으면 떼어지지 않습니다.

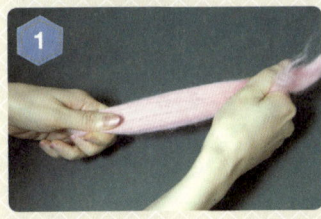 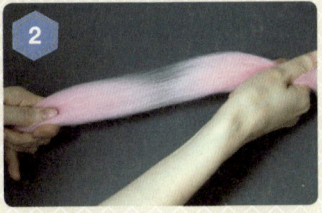

바늘사용법(직각)

바늘은 위에서 찌르거나 옆에서 찌를 때 직각이 되도록 합니다. 그렇지 않으면 바늘이 부러질 수 있습니다.

돌돌말기

양모로 덩어리를 만들때 돌돌 말은 후 찔러 줍니다.

층층이 겹치기

양모를 일정 길이로 뜯어내서 가로로 한 번, 세로로 한 번씩 번갈아가며 3~4회 겹칩니다. 양모의 크기를 늘릴 때 이렇게 만들어 양모를 감싸주면 좋습니다.

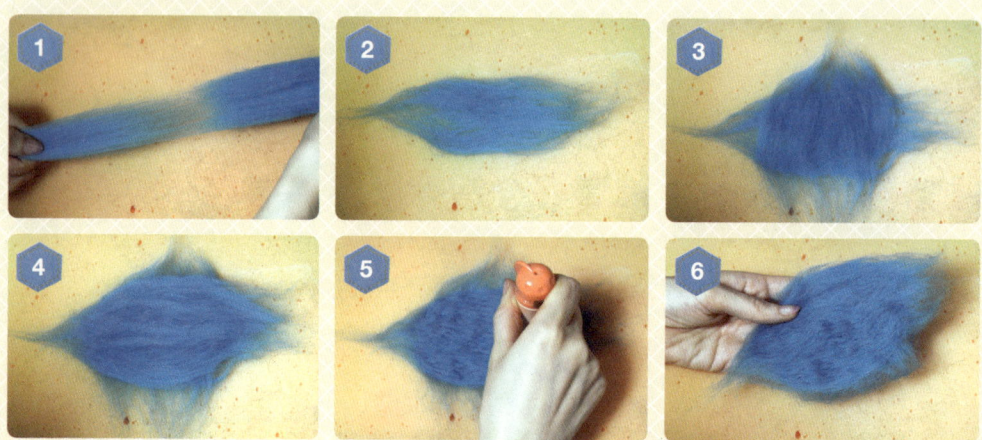

선 만들기

양모를 길게 뜯어내서 손바닥에 놓고 비벼 줍니다.

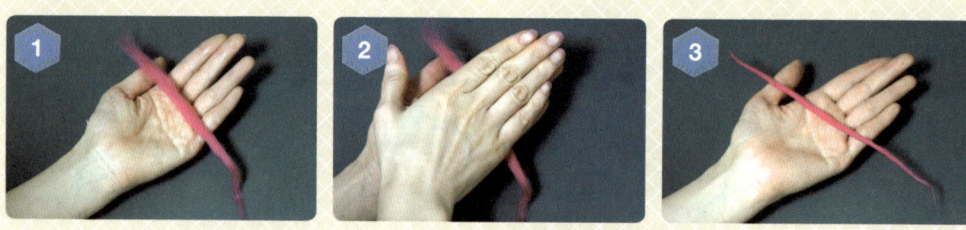

점 만들기

양모를 조금 떼어 손가락으로 비벼서 볼을 만들어 줍니다.

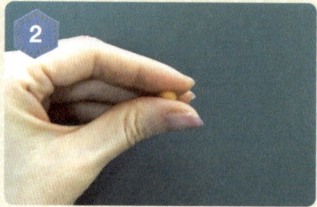

3 인형 만들기 재료 및 바느질법

이 책에서 만드는 인형들은 광목, 펠트, 다양한 원단을 이용하여 인형을 만들고 있어요.
여기에 사용되는 재료와 바느질법을 알아볼게요.

재료

 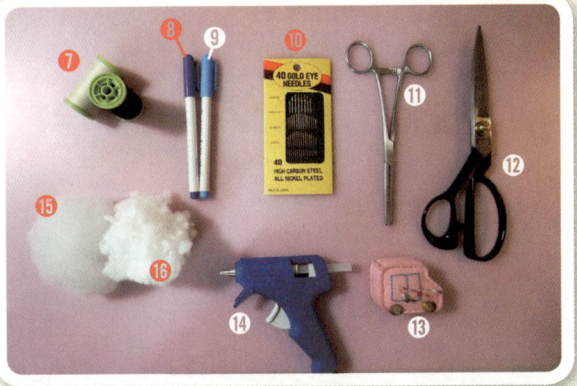

① **광목** : 씨눈이 박혀있는 연베이지색은 커피나 홍차로 염색한 인형을 만들 때 사용합니다. 주로 30수를 씁니다.

② **살구색 원단** : 염색을 하지 않고 밝은 피부색 인형을 만들 때 사용합니다. 30수 평직이 적당합니다.

③ **퀼트 원단** : 인형 옷을 만들 때 사용합니다.

④ **재활용 원단** : 집에 안입는 옷이나 버리는 조각천을 활용해도 좋아요.

⑤ **털실** : 인형 머리카락을 표현할 때 사용합니다. 굵기가 가는 면사부터 굵은 울사까지 다양한 털실을 사용할 수 있습니다.

⑥ **양말** : 양말 자체로 인형을 만들거나 인형의 옷을 만들 때 활용합니다.

⑦ **퀼팅실** : 코팅처리가 되어있는 실로 튼튼하고 엉킴이 적습니다.

⑧ **기화성 펜** : 원단에 도안을 그릴 때 사용하며 시간이 지나면 사라집니다.

⑨ **수성펜** : 원단에 도안을 그릴 때 사용하며 물이 닿으면 지워집니다.

⑩ **바늘** : 원단에 따라 가늘거나 굵은 바늘 중 편한 것으로 선택해 사용합니다.

⑪ **겸자** : 바느질한 원단을 뒤집을 때, 가늘고 깊숙한 곳까지 솜을 넣을 때 사용합니다.

⑫ **재단가위** : 원단을 재단할 때 사용합니다.

⑬ **시침핀** : 바느질할 때 두 장의 원단을 고정해 주는 역할을 합니다.

⑭ **글루건** : 전기로 글루심을 녹여주는 접착제로 접착력이 강하며 빨리 마릅니다. 추가로 장식 등을 달 때 바느질이 힘든 부분에 사용합니다.

⑮ **구름솜** : 넓은 곳을 푹신하게 넣을 때 사용합니다.

⑯ **방울솜** : 좁은 곳에 구석구석 단단하게 넣을 수 있습니다. 인형을 만들때 주로 사용합니다.

① **레이스** : 인형 옷이나 모자 등에 사용하면 좋습니다.

② **색연필** : 인형의 볼을 발그레하게 표현해 주는데 사용합니다. 볼에 둥글게 그려주면서 칠해준 후 면봉이나 손가락으로 문질러서 자연스럽게 해주면 됩니다.

③ **피그마펜** : 가는 중성펜으로 원단에서 번지지도 않고 물에 지워지지도 않아 인형 얼굴 그리는데 사용합니다.

④ **도트펜** : 흰색 물감을 묻혀 인형의 눈동자 반짝임을 찍어줄때 사용합니다.

⑤ **아크릴 물감** : 물에 지워지지 않는 물감으로 인형의 눈, 신발 때론 옷 등을 그려줍니다.

⑥ **단추** : 옷에 장식으로 달아주기도 하고 얼굴에 달아 눈을 표현해 주기도 합니다.

⑦ **샤무드끈** : 인형 가방끈이나 기타 장식용으로 사용합니다.

⑧ **커피, 홍차티백** : 광목원단에 염색할 때 사용합니다. 커피는 좀 더 컨트리한 피부색 표현에, 홍차는 좀 더 밝고 자연스러운 피부색 표현에 적합합니다.

바느질법

홈질(러닝 스티치)

가장 기본이 되는 바느질로 일정한 간격으로 원단을 통과하면서 바느질 방향으로 이동합니다.

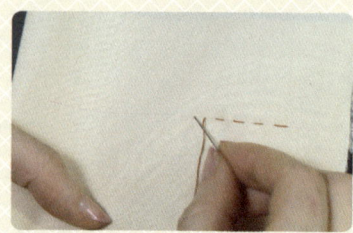

박음질(백 스티치)

홈질보다 튼튼하게 바느질 할때 사용해요. 왼쪽으로 이동해서 위로 올라온 다음 오른쪽으로 되돌아가서 들어갑니다.

공그르기

주로 창구멍을 막을 때 사용합니다. 원단의 접힌 부분을 통과해서 반대쪽 원단의 접힌 부분을 번갈아 가면서 통과해주면 실이 거의 보이지 않습니다.

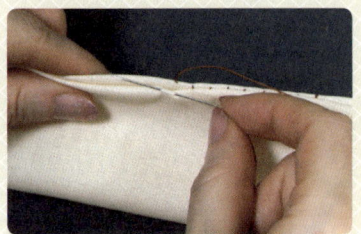

시작매듭

바늘에 실을 돌돌 감아 바늘귀 쪽으로 쭉 당겨줍니다.

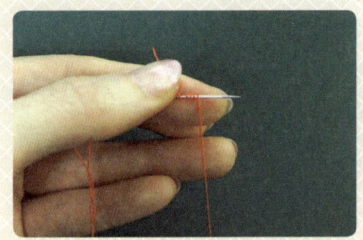

가위집 넣기

도안이 꺾인 부분이나 둥그런 부분의 시접을 V자로 일정한 간격으로 오려 줍니다. 원단을 뒤집어서 솜을 넣었을 때 테두리가 매끈하게 나오게 해주는 역할을 합니다. 바쁠 땐 V자가 아니라 l자로만 넣어줘도 괜찮습니다.

식서방향

원단이 늘어나지 않는 방향이 식서 방향입니다. 도안을 그릴 때 식서방향이 세로가 되도록 한 방향으로 그려줘야 인형모양이 정확하게 나옵니다.

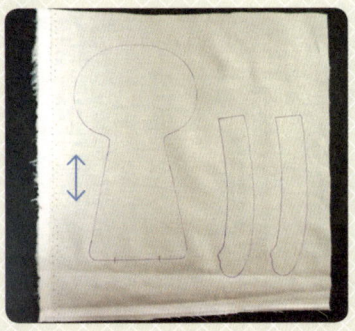

- **식서 방향** : 원단 길이의 방향(올 풀림 방지 띠와 같은 방향), 원단이 늘어나지 않음
- **푸서 방향** : 원단 폭의 방향, 원단이 늘어남.

해를 거듭하며 더욱 다양해지고 고급화되는 펠트 원단. 펠트 원단은 자르는 면에 올풀림이 없어 다양한 디자인을 쉽게 표현할 수 있는 아주 좋은 재료입니다. 인형, 소품, 교구, 장난감 등 못만드는 게 없다고 해도 과언이 아닐 정도로 유용한 펠트 공예.
이번 파트에서는 아이들과 함께 만들어도 어렵지 않은 기본적인 소품을 만들어볼까 해요. 처음 시작하시는 분도 가벼운 마음으로 첫 땀을 시작해보세요.

Part 01
실용성 있는 펠트 소품 만들기

펠트소품 01

"네모난 냥이 네임텍"

몇 번의 홈질만으로 금방 만들 수 있기 때문에 만드는 데에 시간도 많이 걸리지 않는 고양이 모양의 깜찍한 네임텍이에요. 여러 개를 만들어 친구랑 나눠 가져도 좋아요.

네모난 냥이 네임텍

준비물

도안 : 241 페이지
주재료   ☐ 펠트지
부재료   ☐ 단추   ☐ 털실
실   ☐ 갈색

확인하기

난이도 : ★☆☆☆☆
예상 재료비 : 1천 원 내외
예상 제작 시간 : 30분
작품 크기 : 가로 약 8cm

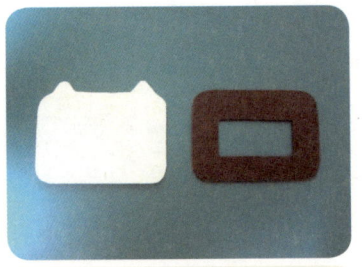

1 펠트지를 준비하고 도안에 맞추어 고양이 모양 앞판과 네임텍 뒤판을 오려 준비합니다.

펠트지를 길게 잘라서 끈으로 만들어도 됩니다.

2 앞판 뒤쪽에 글루건을 사용하거나 바느질로 고리를 달아 줍니다.

3 앞판에 기화성 펜으로 냥이의 얼굴을 그려줍니다. 대략 모양만 보이게 그리면 돼요.

양쪽 눈을 다른 색 단추로 달면 더욱 재미있고 개성 있는 냥이가 되겠죠.

4 냥이의 눈 위치에 단추를 달아 줍니다.

5 코, 입, 수염은 펜으로 그린 선을 따라 갈색실로 수를 놓아 줍니다.

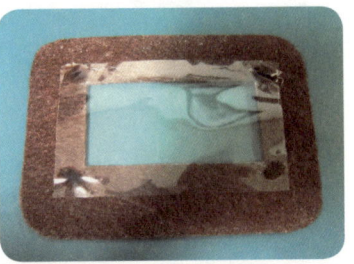

6 이름이 보이는 뒤판에는 글루건으로 투명 필름을 붙여 줍니다.

> 바느질을 시작할 때에는 두 장 사이에서 시작하여 매듭이 안쪽에 감춰지도록 하면 깔끔하게 만들 수 있어요.

7 만들어진 앞판과 뒤판을 겹쳐서 홈질을 해 줍니다. 홈질은 겉으로 보이기 때문에 땀을 균일하게 맞춰 주세요.

8 털실을 8자 모양으로 꼬아서 좌우로 서너 번 정도 겹쳐주세요.

> 가운데 부분을 손가락으로 누르고 남은 실로 묶으면 쉽게 묶을 수 있어요.

  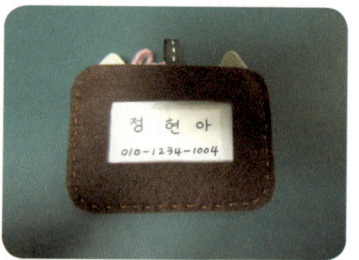

9 겹쳐진 실의 가운데를 남은 실로 묶어 리본처럼 만들어 주세요.

10 털실 리본의 가운데에 접착제를 발라 냥이의 머리 부분에 붙여 주세요.

11 네임텍 빈칸 크기에 맞춰 두꺼운 도화지에 이름을 쓴 다음 네임텍에 끼워 주세요.

12 은색 군번줄을 고리에 끼워 마무리를 합니다.

13 흰색 아크릴 물감이나 펜을 이용해 단추에 점을 찍어주면 초롱초롱한 냥이의 눈동자를 만들 수 있어요.

펠트소품 02

"새초롬 다람쥐 카드 케이스"

깜찍한 모양으로 어디서나 시선을 받을 다람쥐 카드 케이스예요.
간단한 외출을 할 때 카드 한두 장을 넣어 다니면 유용하게 사용할 수 있어요.

새초롬 다람쥐 카드 케이스

준비물

도안 : 241 페이지

주재료 ☐ 펠트지

부재료 ☐ 샤무드 끈

실 ☐ 베이지 ☐ 주황
　　　☐ 갈색　　☐ 파랑
　　　☐ 핑크

확인하기

난이도 : ★☆☆☆☆
예상 재료비 : 1천 원 내외
예상 제작 시간 : 30분
작품 크기 : 세로 약 10cm

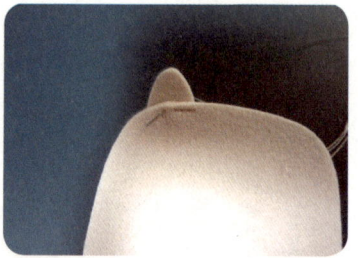

1. 펠트지를 도안에 맞추어 다람쥐의 귀, 몸통, 칼라 등을 오려 준비합니다.

2. 두 장의 펠트지 중에서 앞장에 귀를 박음질해 줍니다.

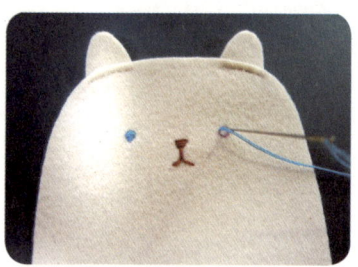

3. 앞장에 기화성 펜으로 다람쥐의 눈, 코, 입 등을 대략 그립니다.

4. 얼굴 그림에 맞춰 눈, 코, 입의 수를 놓습니다.

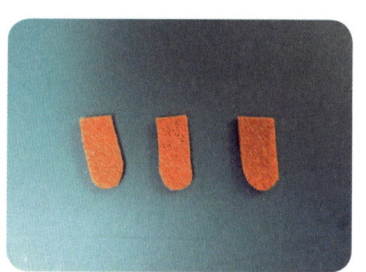

5. 다람쥐의 칼라를 아플리케해 줍니다.

6. 몸통 밖으로 남은 칼라의 여분을 잘라서 정리해 줍니다.

7. 머리 줄무늬로 쓸 펠트지를 오려 준비합니다.

8 아플리케나 글루건으로 다람쥐의 머리 줄무늬를 만들어 줍니다.

9 끈을 달아 줄 고리를 만들기 위해 펠트지를 조금 잘라 준비합니다.

10 앞장과 뒷장 사이에 고리의 위치를 잡아 줍니다.

11 앞장과 뒷장 사이에서 바느질을 시작합니다.

12 카드가 들어갈 공간을 남기고 양쪽 귀 밑 부분까지 홈질 해 줍니다.

[+] 활용하기

다람쥐 친구들 만들어 주기~

카드 케이스 몸통에 귀랑 얼굴 모양만 조금 변형 해주면 다양한 동물을 만들 수 있어요.
나만의 동물 친구들을 만들어 보세요.

손에 쏙 들어오는 새초롬한 고양이

듬직하고 푸근한 곰돌이

펠트소품 **03**

"달콤 롤리팝 볼펜"

사용하지 않는 볼펜에 사탕을 만들어 달아보세요. 글씨를 쓸 때마다 달달한 막대사탕 덕분에 기분까지 달콤해질 거예요.

달콤 롤리팝 볼펜

1 펠트지를 도안에 맞추어 달콤한 사탕 모양으로 오려 준비합니다.

2 앞면으로 사용할 펠트지에 회오리 모양의 펠트지를 아플리케해 줍니다.

준비물

도안 : 242 페이지
주재료 ☐ 펠트지 ☐ 볼펜
부재료 ☐ 솜 ☐ 리본
실   ☐ 아이보리 ☐ 갈색

확인하기

난이도 : ★☆☆☆☆
예상 재료비 : 1천 5백 원 내외
예상 제작 시간 : 40분
작품 크기 : 지름 약 8cm

3 아플리케를 하는 중에 솜을 조금 넣어 볼륨 있는 무늬를 만들며 마무리해 줍니다.

4 사탕 펠트지 두 장을 겹쳐 버튼홀 스티치 합니다. 솜을 넣을 약간의 공간만을 남기고 전부 꿰매 주세요.

너무 꽉 채우면 볼펜을 넣을 공간이 부족할 수 있으므로 주의하세요.

5 남겨 뒀던 공간으로 솜을 채워 넣어 볼륨 있고 달콤한 사탕을 마무리합니다.

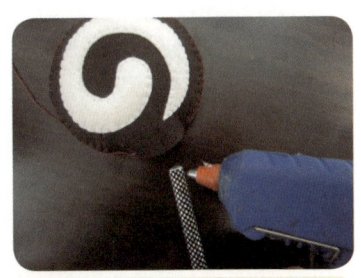

6 볼펜에 글루건을 발라 사탕에 끼워 줍니다.

7 솜이 삐져나오지 않도록 잘 마무리를 해 줘야 해요.

8 비즈를 군데군데 붙여 주고 볼펜과 사탕 경계부분에 리본을 달아 마무리합니다.

비즈 대신 작은 단추나 펠트지를 가늘게 잘라 사용해도 좋아요. 비즈를 바느질로 달아줄 경우는 사탕 앞·뒷장을 바느질 하기 전에 달아야 깔끔해요.

[+] 활용 하기

리본볼펜 만들기

예쁜 볼펜이 없을 때에는 평범한 볼펜에 리본을 감아 직접 만들 수 있습니다.

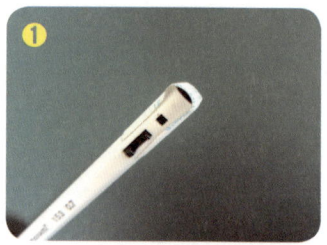
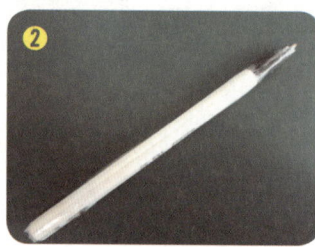

1. 일반 볼펜의 뒤에 꼭지를 눌러 양면 테잎으로 고정해 줍니다.
2. 볼펜에 길게 양면 테이프를 붙여 줍니다.
3. 리본을 심쪽부터 처음 한바퀴는 직각으로, 그 다음부터는 약간 비스듬히 감아 줍니다.
4. 볼펜이 보이지 않게 리본을 다 감아 완성합니다.

다양한 무늬의 리본을 이용하면 여러 느낌의 볼펜을 만들 수 있어요.

펠트소품 **04**

"쿠키 모양 핸드폰 인형"

휴대폰에 달아주면 누구나 탐낼 만한 예쁘고 깜찍한 쿠키 모양의 핸드폰 인형이에요.
홈질 한 바퀴로 금방 만들 수 있어요.

쿠키 모양 핸드폰 인형

준비물

- 도안 : 242 페이지
- 주재료 : ☐ 펠트지
- 부재료 : ☐ 솜 ☐ 핸드폰 줄
- 실 : ☐ 갈색

확인하기

- 난이도 : ★☆☆☆☆
- 예상 재료비 : 1천 원 내외
- 예상 제작 시간 : 30분
- 작품 크기 : 길이 약 10cm

① 펠트지를 도안에 맞추어 귀여운 쿠키 모양의 앞장과 뒷장을 오려 준비합니다.

풀이 마르면 딱딱해지기 때문에 바느질이 지나가는 부분은 제외하고 발라 주세요.

② 지그재그 띠 모양으로 오린 펠트지에 목공풀을 발라 인형의 발 부분에 붙여 줍니다.

③ 몸통 펠트지 두 장을 겹치고 머리 쪽에 고리를 끼운 후 홈질합니다. 솜을 넣을 공간을 남기고 끝까지 바느질해 주세요.

너무 많이 넣으면 마무리하기 어려우므로 꽉 채우지 않도록 하세요.

④ 남겨 뒀던 공간에 솜을 적당히 넣어 줍니다.

⑤ 솜을 다 넣었다면 홈질을 마무리한 후 핸드폰 줄을 달아 줍니다.

⑥ 펜으로 얼굴을 그려 쿠키 인형을 완성합니다. 만약 수를 놓아 얼굴을 만들 경우 앞·뒷장을 바느질하기 전에 해 줘야 깔끔해요.

[+] 활용하기

아이와 만들기

아이들과 함께 만들어 보세요. 바느질을 처음 하는 아이들도 재밌게 함께 할 수 있어요. 인형을 완성한 후 조각 원단으로 마음껏 꾸미도록 해 주세요. 패션이 돋보이는 다양한 작품이 탄생합니다.

펠트소품
05

"따끈따끈 노릇노릇 붕어빵"

노란색 펠트지와 갈색 실만 있으면 완성되는 간단 붕어빵 인형이에요. 노릇노릇하게 구워진 붕어빵을 핀 쿠션으로 활용하거나 고리를 달아 가방 장식으로 쓰면 아기자기 하답니다.

따끈따끈 노릇노릇 붕어빵

준비물

도안 : 243 페이지

주재료	☐ 펠트지	
부재료	☐ 솜	☐ 색연필
실	☐ 갈색	

확인하기

난이도 : ★☆☆☆☆
예상 재료비 : 1천 원 내외
예상 제작 시간 : 1시간
작품 크기 : 가로 13cm

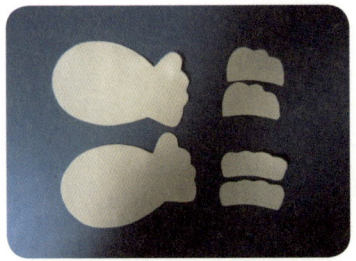

1 펠트지를 도안에 맞추어 몸통, 위 지느러미, 아래 지느러미를 각 2장씩 준비합니다.

2 위 지느러미 모양을 따라서 홈질해 주세요.

솜을 너무 많이 넣으면 스티치 할 때 삐져나올 수 있으므로 조금만 넣어 주는 것이 좋아요.

3 홈질의 안쪽 부분에 솜을 조금 채워 넣어주세요.

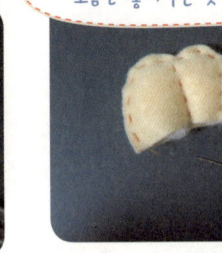

4 지느러미 구분선을 러닝 스티치 합니다.

5 아래 지느러미도 같은 방법으로 만듭니다.

6 몸통 두 장 사이에 지느러미를 끼워 줍니다.

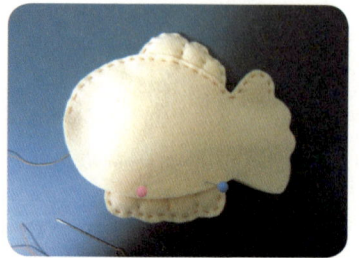 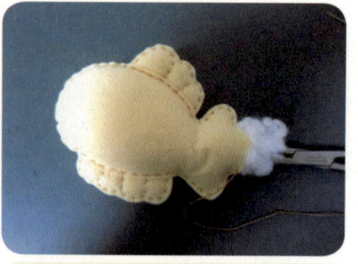 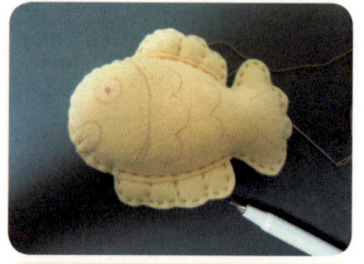

7 솜을 넣을 공간을 남기고 테두리를 모두 홈질해 줍니다.

8 창구멍을 통해 몸통에 솜을 넣은 후 테두리의 바느질을 마무리 해 줍니다.

9 기화성 펜으로 비늘과 붕어의 눈, 입을 대략 스케치해 줍니다.

 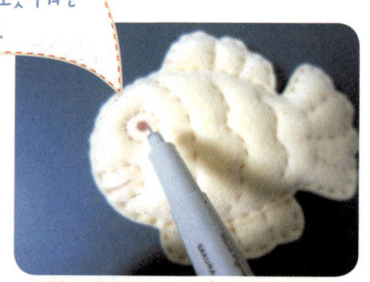

바느질 마무리 후 갈색 색연필로 군데군데 색칠을 해주면 노릇노릇 구워진 느낌을 낼 수 있어요.

10 비늘, 눈, 입의 선을 따라 스티치 합니다. 실을 살짝 당겨 가면서 앞·뒷장의 스티치 모양이 비슷하게 나오도록 하세요.

11 스티치가 완료되면 눈동자는 갈색 펜으로 색칠해 줍니다.

[+] 활용 하기

반대쪽은 진한 베이지색으로 만들면 살짝 탄 붕어빵이 돼요.

앞뒤가 다른 재미있는 붕어빵도 만들어 보세요. 갈색계열 색연필로 볼록한 부분을 군데군데 색칠해 주면 노릇노릇 구워진 느낌을 표현할 수 있어요.

펠트소품
06

" 별냥이 티 코스터 "

머리 위에 새가 살포시 내려앉은 고양이 얼굴이 포인트인 티 코스터예요.
간단하게 뚝딱 만들어 티타임에 활용해 보세요. 만들기도 쉽고 분위기도 확 살 거예요.

별냥이 티 코스터

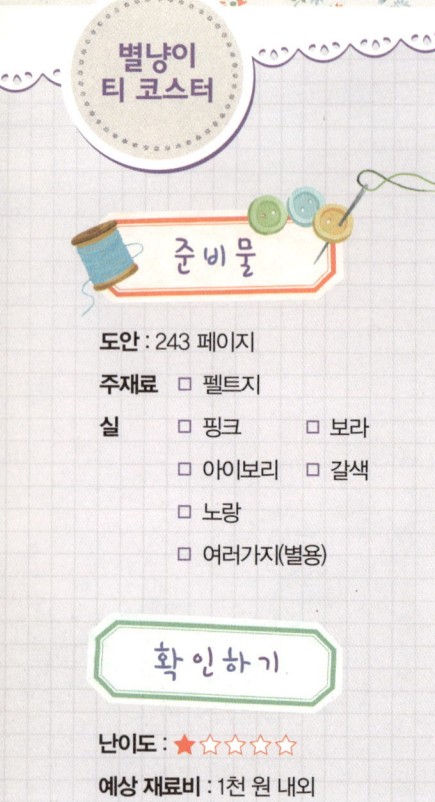

준비물

도안 : 243 페이지

주재료 ☐ 펠트지

실
☐ 핑크 ☐ 보라
☐ 아이보리 ☐ 갈색
☐ 노랑
☐ 여러가지(별용)

확인하기

난이도 : ★☆☆☆☆
예상 재료비 : 1천 원 내외
예상 제작 시간 : 1시간
작품 크기 : 지름 약 11cm

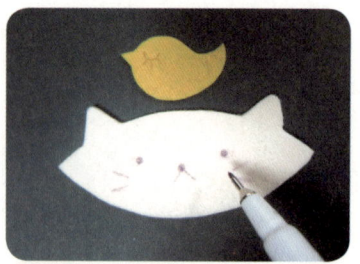

1 도안을 이용해 코스터의 앞장, 뒷장 고양이, 새모양을 오려 준비한 후 기화성 펜으로 얼굴을 그려줍니다.

2 그린 펜 선을 따라 수를 놓아 깜찍한 고양이와 그 위에 올라선 새침한 새의 얼굴을 완성합니다.

3 앞장 펠트지에 고양이를 아플리케 합니다.

4 고양이의 머리 위로 새를 위치 시킨 뒤 아플리케 합니다.

5 앞장 펠트지에 기화성 펜으로 원하는 문구를 써줍니다.

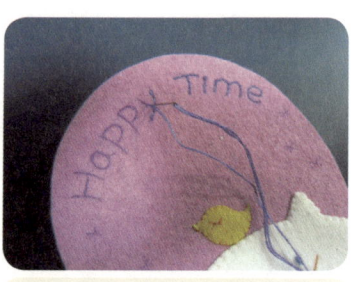

6 색상 실을 이용하여 스티치 해 줍니다.

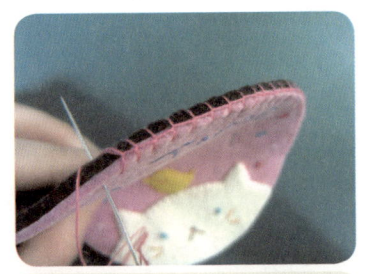

⑦ 색색의 실로 코스터의 군데군데에 별모양을 표현해 줍니다. 다양한 색을 쓸수록 더 화려한 코스터가 되겠죠.

⑧ 잘라두었던 코스터의 뒷장과 앞장을 겹쳐 버튼홀 스티치 해 줍니다.

[+] 활용하기

글씨를 펠트지에 옮기는 방법

물이 닿으면 지워지는 수용성 먹지를 이용하여 원단, 먹지, 도안 순으로 올려놓고 뾰족한 펜으로 도안을 따라 그립니다.

❶ 도안 위에 트레싱지를 올려놓고 글씨를 따라 씁니다.
❷ 원단, 먹지, 트레싱지 순으로 올려놓습니다.
❸ 뾰족한 펜이나 송곳으로 글자를 따라 찔러줍니다.
❹ 펠트지 위에 글자가 표시된 것을 확인할 수 있습니다.

> 수용성 먹지가 아닌 경우엔 살짝 찍어주어 글씨가 연하게 표시되도록 해야 스티치 한 뒤 먹지선이 보이는 것을 방지할 수 있어요.

펠트소품 **07**

"원형 소품 바스켓"

책상, 화장대, 바느질 테이블 등에 널려 있는 잡다한 것을 깔끔하게 수납할 수 있는 원형 소품 바스켓이에요. 깜찍한 동물 얼굴이 있어 장식으로 써도 좋아요.

원형 소품 바스켓

준비물

- 도안 : 244 페이지
- 주재료 : ☐ 펠트지
- 부재료 : ☐ 비즈 구슬 ☐ 단추
- 실 : ☐ 아이보리 ☐ 파랑
  ☐ 갈색

확인하기

- 난이도 : ★☆☆☆☆
- 예상 재료비 : 3천 원 내외
- 예상 제작 시간 : 1시간
- 작품 크기 : 가로 약 14cm

1 펠트지를 준비하고 바스켓 앞 부분에 붙일 곰 얼굴을 오린 후 귀와 코 부분을 아플리케 해 줍니다. 다른 동물 모양을 자유롭게 디자인해도 좋아요.

2 얼굴 부분을 기화성 펜으로 그린 후 비즈 구슬로 눈을 달고, 펜 선을 따라 갈색 수실 2줄로 나머지를 수놓아 줍니다.

3 색연필로 볼을 발그레하게 색칠한 후 은은하게 번진 볼의 표현을 위해 면봉으로 문질러 줍니다.

4 직사각형, 원형 펠트지를 두 가지 컬러로 준비합니다. 컬러는 보색으로 해도 개성 있고, 비슷한 계열로 해도 통일성이 있어 좋아요.

아플리케할 때 움직이지 않도록 시침핀이나 스테이플러로 고정하고 하면 편리합니다.

5 사각 펠트지 가운데에 만들어 놓은 곰의 얼굴을 아플리케합니다.

6 얼굴 테두리를 모두 아플리케하여 마무리 합니다.

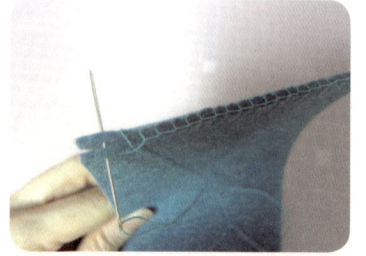

7 사각 펠트지의 양끝을 버튼홀 스티치 해 줍니다.

8 바느질이 끝나면 둥그렇게 원통형으로 만들어 줍니다.

9 원통과 밑바닥을 글루건으로 꼼꼼히 붙여 줍니다.

10 밑바닥 테두리 부분도 꼼꼼하게 붙여주세요.

11 테두리를 붙여 놓은 모습이에요.

안쪽 원의 사이즈가 크면 쭈글쭈글해질 수 있어요. 가위로 다듬으면서 크기를 조절해 주세요.

12 두 번째 원형 펠트지를 안쪽에 넣어 평평하게 자리 잡아 줍니다.

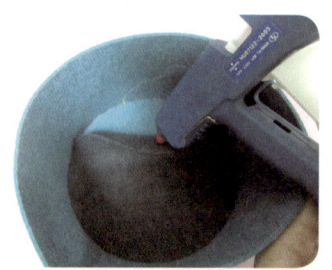

13 안쪽 원의 바닥에 글루건을 발라 떨어지지 않도록 튼튼하게 고정해 줍니다.

바닥과 마찬가지로 사이즈가 안 맞는 부분은 가위로 다듬어서 조절해 주세요.

위 라인에 바느질할 부분은 글루건이 묻으면 바느질 하기 힘들어지니 주의하세요.

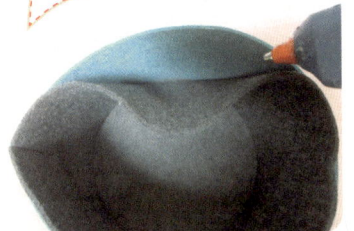
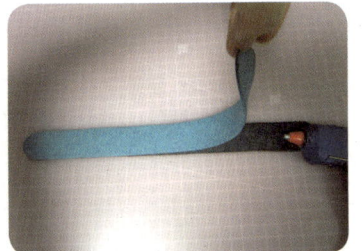

14 두 번째 사각 펠트지를 안쪽에 넣어 자리를 잡아 줍니다.

15 안쪽에 글루건을 골고루 발라 튼튼하게 고정해 줍니다.

16 끈 모양을 오려 두 장을 글루건으로 고정해 줍니다.

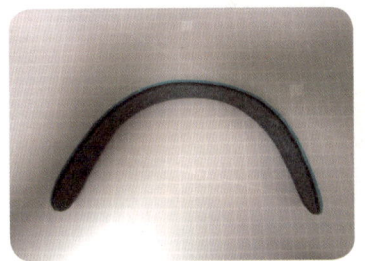

두 장을 고정시키는 역할도 하지만 무늬 역할도 하기 때문에 원단보다 약간 밝은 색 실을 사용해 주면 예뻐요.

17 약간 구부린 상태에서 고정해 줘야 모양이 자연스럽게 잡혀요.

18 바스켓 상단을 러닝 스티치 해 줍니다.

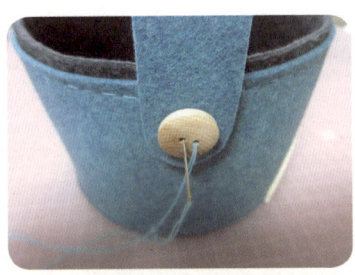

19 손잡이에 단추를 달아 바스켓에 고정해 줍니다.

20 매듭은 손잡이 안쪽으로 해서 안 보이게 마무리하세요.

49

펠트소품
08

나른한 냥이 사각액자

나른한 표정의 깜찍한 검은 고양이가 포인트인 기본 사각 액자예요.
만들기도 간단하고 나만의 추억을 담아둘 수 있는 실용성 만점 아이템입니다.

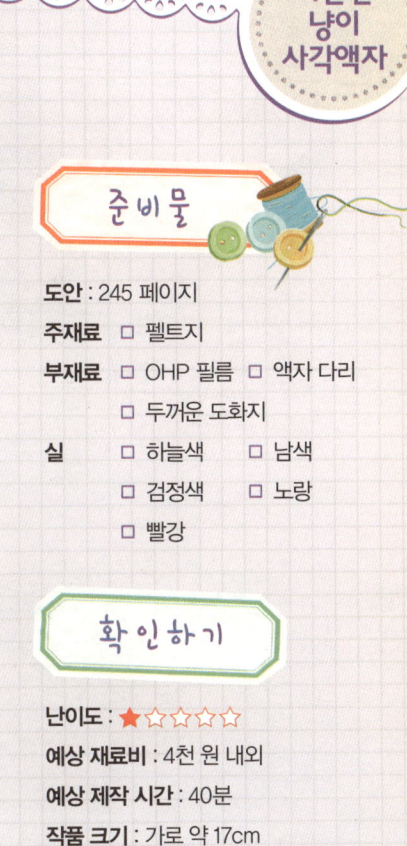

나른한 냥이 사각액자

준비물

도안 : 245 페이지

주재료 ☐ 펠트지

부재료 ☐ OHP 필름 ☐ 액자 다리
　　　 ☐ 두꺼운 도화지

실　　 ☐ 하늘색 ☐ 남색
　　　 ☐ 검정색 ☐ 노랑
　　　 ☐ 빨강

확인하기

난이도 : ★☆☆☆☆
예상 재료비 : 4천 원 내외
예상 제작 시간 : 40분
작품 크기 : 가로 약 17cm

1 펠트지를 도안에 맞추어 액자틀과 검은 고양이 얼굴로 오려 준비합니다.

2 나른한 표정의 고양이 얼굴을 색실로 스티치 합니다. 눈과 입, 수염을 다른 색으로 해주면 더 버라이어티한 고양이 얼굴을 표현할 수 있어요.

3 액자 틀에 고양이 얼굴을 위치시키고 아플리케 합니다.

4 액자 군데군데에 발바닥 펠트지를 아플리케 또는 글루건으로 고정합니다.

5 발바닥 앞에 검정색 아크릴 물감으로 발가락을 찍어 주어 귀여운 고양이 발자국을 완성합니다.

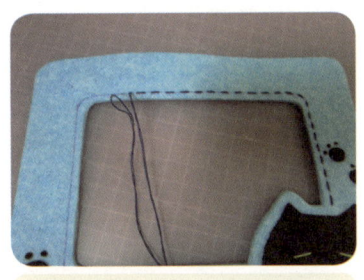

6 액자의 안쪽 테두리에 러닝스티치로 포인트를 줍니다.

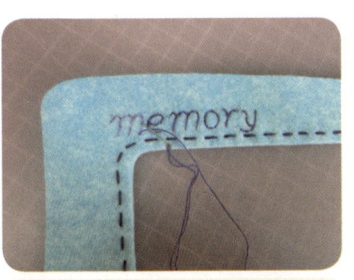

7 포인트로 왼쪽 상단에 좋아하는 단어를 스티치해 줍니다.

8 액자틀 크기에 맞게 OHP 필름을 잘라 글루건으로 액자틀 뒤쪽에 고정합니다.

9 앞에서 본 모습이에요.

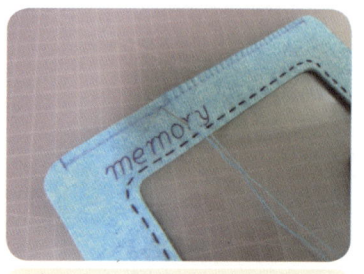

10 액자틀 상단을 버튼홀 스티치 해 줍니다. 이 부분이 사진을 넣고 빼는 부분이 될 거예요.

11 액자 앞장과 뒷장을 겹쳐서 스테이플러로 고정해 줍니다.

12 앞에서 바느질 했던 사진 넣는 부분을 제외하고 버튼홀 스티치 합니다.

> 액자 다리가 없을 경우~ 두꺼운 도화지를 잘라 접어서 삼각기둥 모양으로 만든 후 글루건으로 액자 뒷면에 붙여 주면 튼튼한 액자 다리가 됩니다.

> 펠트지가 부드럽기 때문에 흐물흐물할 수 있어 두꺼운 도화지로 모양을 잡아 줘야 예뻐요. 두꺼운 도화지가 없을 때에는 두꺼운 탁상용 달력을 이용해도 좋습니다.

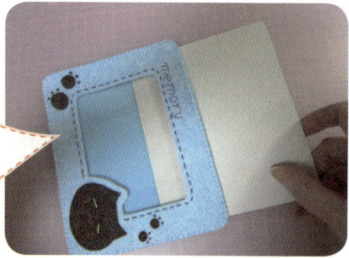

13 액자 크기에 맞게 두꺼운 도화지를 잘라 액자에 넣어 줍니다.

14 뒷면에 액자 다리를 글루건으로 고정합니다. 위치를 잘 맞춰야 양쪽이 기울지 않고 세워질 수 있으니 주의하세요.

펠트소품 09

"빵실 양 파우치"

지퍼 달기와 바닥 만들기 등 작업 과정이 비교적 간단해 처음 만드는 파우치로 적당해요.
쓰임새도 많은 파우치, 빵실빵실한 양으로 포인트를 준 파우치를 만들어 보세요.

빵실양 파우치

준비물

- 도안 : 246 페이지
- 주재료 : ☐ 펠트지
- 부재료 : ☐ 지퍼 18cm
- 실 : ☐ 초록색 ☐ 흰색
      ☐ 베이지색 ☐ 갈색

확인하기

- 난이도 : ★★☆☆☆
- 예상 재료비 : 2천 원 내외
- 예상 제작 시간 : 1시간
- 작품 크기 : 가로 약 12cm

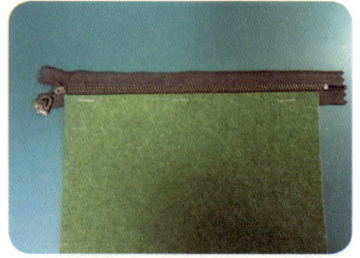

1 원하는 크기의 파우치 크기에 맞춰 펠트지를 자릅니다. 지퍼에 자른 펠트지를 스테이플러로 고정해 줍니다.

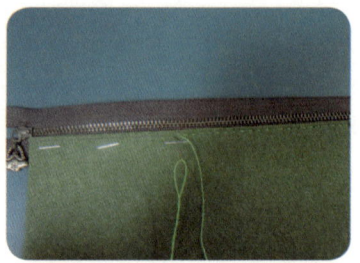

2 고정한 지퍼와 펠트지를 붙이기 위해 펠트지 위쪽을 촘촘하게 홈질해 줍니다.

3 지퍼의 반대쪽도 마찬가지로 펠트지를 스테이플러로 고정합니다.

4 고정한 펠트지를 촘촘하게 홈질해 줍니다.

5 양의 얼굴, 몸통, 귀 등을 도안에 맞추어 오려서 준비합니다. 양의 얼굴을 기화성 펜으로 그려 줍니다.

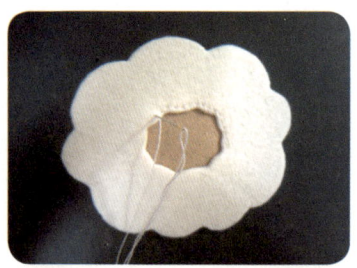

6 몸통 뒤쪽에 얼굴을 겹쳐서 홈질하여 고정해 줍니다.

7 양의 눈과 입 부분을 갈색 실로 수놓습니다. 눈은 프렌치 너트(갈색 두 줄로 네 번 감기)해 줍니다. 입은 갈색 실 한 줄로 표현해 줍니다.

8 볼 부분은 붉은 색연필을 칠한 후 면봉으로 살살 문질러 번짐 효과를 주세요.

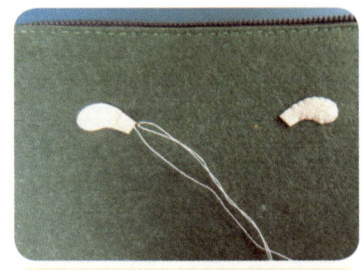

9 양 얼굴을 붙이기 전에 귀를 먼저 파우치 본체에 자리 잡고 아플리케해 줍니다.

10 나머지 양의 몸과 얼굴을 펠트지에 스테이플러로 고정한 후 아플리케해 줍니다.

11 완전히 아플리케를 하기 전에 양 안에 솜을 조금 넣어서 볼륨을 줍니다.

12 솜이 나오지 않도록 바느질을 마무리 합니다.

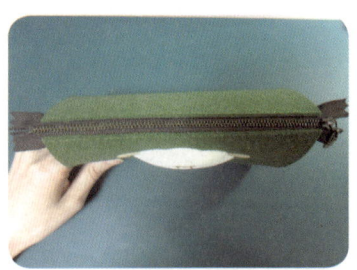

13 솜을 넣은 귀여운 양에 볼륨이 생겼어요.

14 장식으로 양의 옆쪽에 군데군데 잔디 모양을 스티치 해주면 더욱 화려한 파우치를 만들 수 있어요.

15 파우치를 뒤집어서 지퍼 고리를 펠트지 안쪽에 위치하게 해 주세요.

16 뒤집은 파우치의 양 옆을 스테이플러로 고정합니다. 바느질 할 위치에서 더 안쪽으로 스테이플러를 찍어야 해요.

17 파우치 바깥 재단선에서 0.5cm 안쪽을 홈질하여 고정합니다.

18 파우치 바닥면의 모서리를 펼쳐서 스테이플러로 고정합니다.

19 2cm 안쪽에 바느질 선을 표시해 줍니다.

20 표시해둔 바느질 선에 맞춰 박음질해 줍니다.

21 박음질한 부분에서 0.5cm 시접을 남기고 모서리 끝을 잘라냅니다.

22 지퍼를 열어 뒤집고 파우치의 바닥을 평평하게 잘 펴서 모양을 잡아 줍니다.

23 모양이 잘 잡힌 최종 모양이에요.

펠트소품 10

"두건소녀 동전지갑"

두건을 쓴 수줍은 소녀 모양 동전지갑이에요. 두께감이 있어서 동전뿐 아니라 간단한 소지품도 넣을 수 있어요. 양 옆에 끈을 달아 미니 손가방으로도 활용해 보세요.

두건소녀 동전지갑

준비물

- 도안 : 247 페이지
- 주재료 : ☐ 펠트지
- 부재료 : ☐ 지퍼 18cm
- 실 : ☐ 갈색   ☐ 빨간색
       ☐ 하늘색 ☐ 분홍색

확인하기

- 난이도 : ★★☆☆☆
- 예상 재료비 : 3천 원 내외
- 예상 제작 시간 : 1시간 30분
- 작품 크기 : 지름 약 9cm

1. 펠트지를 도안에 맞추어 소녀의 얼굴, 앞머리를 오려 줍니다.

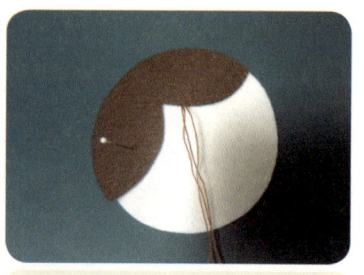

2. 얼굴 위에 앞머리 위치를 잡고 아플리케 합니다.

3. 기화성 펜으로 소녀의 수줍은 미소 얼굴을 그려 줍니다.

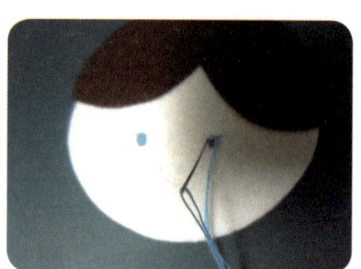

4. 눈과 입 위치에 각각 원하는 색깔의 실로 스티치합니다.

5. 볼은 핑크색 펠트지를 아플리케 합니다.

6. 소녀 얼굴 위에 링 모양 펠트지를 올려 중심을 맞춰줍니다.

7 소녀 얼굴과 링 모양 펠트지를 아플리케 합니다.

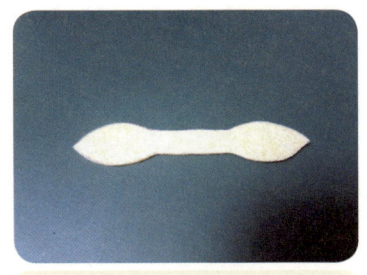

8 펠트지를 도안처럼 오려줍니다.

9 가운데를 한 번 묶어 리본을 만들어 줍니다.

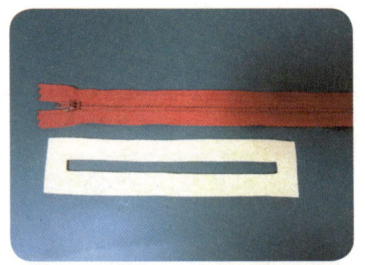

10 지퍼 위에 가운데가 뚫린 직사각형 펠트지를 올려줍니다.

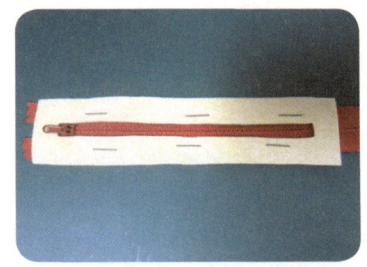

11 펠트지가 어긋나지 않게 주의하면서 스테이플러로 고정합니다.

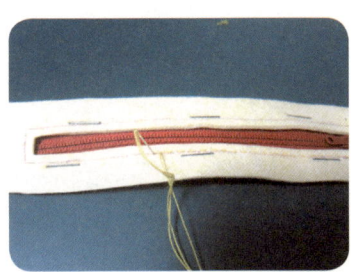

12 지퍼 쪽에서 0.3cm 떨어진 위치에 촘촘 홈질로 쭉 돌려 바느질해 줍니다.

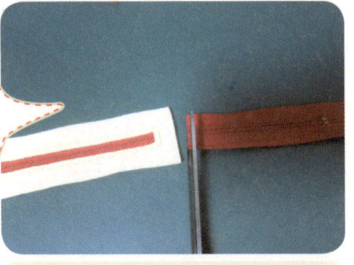

잘린 지퍼 부분을 라이터로 살짝 열 처리해 주면 올이 풀리는 걸 예방할 수 있어요.

13 끝쪽에 남은 여분의 지퍼는 잘라냅니다. 이제 동전지갑 옆면의 윗부분이 완성됐어요.

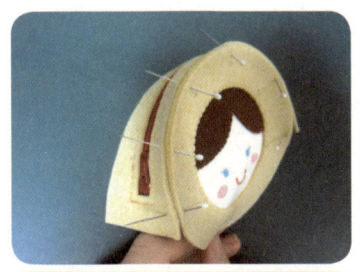

14 지퍼를 달아준 동전지갑 옆면 윗부분과 앞면을 버튼홀 스티치 합니다.

15 중심을 잘 맞춰서 바느질해 주세요.

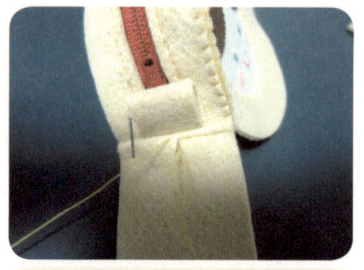

16 옆면 아랫부분을 준비한 후 끝을 안으로 0.5cm 접습니다. 윗부분과의 사이에 고리가 될 펠트지를 접어 넣고 스테이플러로 고정합니다. 그런 다음 옆면의 윗부분, 아랫부분, 고리를 한꺼번에 가로로 튼튼히 박음질해 줍니다.

17 옆면의 아랫부분과 앞면을 버튼홀 스티치 해서 연결해 줍니다.

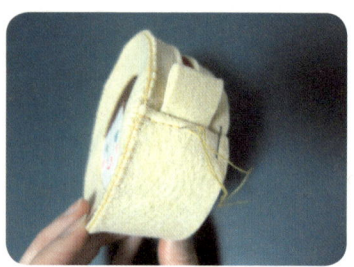

18 반대쪽도 같은 방법으로 옆면 윗부분과 아랫부분 사이에 고리를 끼워 박음질합니다.

19 옆면과 뒷장을 버튼홀 스티치 합니다.

20 앞에서 만들었던 리본을 도안대로 동전지갑의 앞면에 붙여서 수줍은 소녀 얼굴의 동전지갑을 완성합니다.

펠트소품 11

" 빨간 수박 파우치 "

어디서나 시선 집중될 빨간 수박 파우치예요. 펠트로 사계절 즐길 수 있는 수박을 만들어 보세요.
화장품이나 작은 소지품을 담을 수도 있고 필통으로도 좋아요.

빨간 수박 파우치

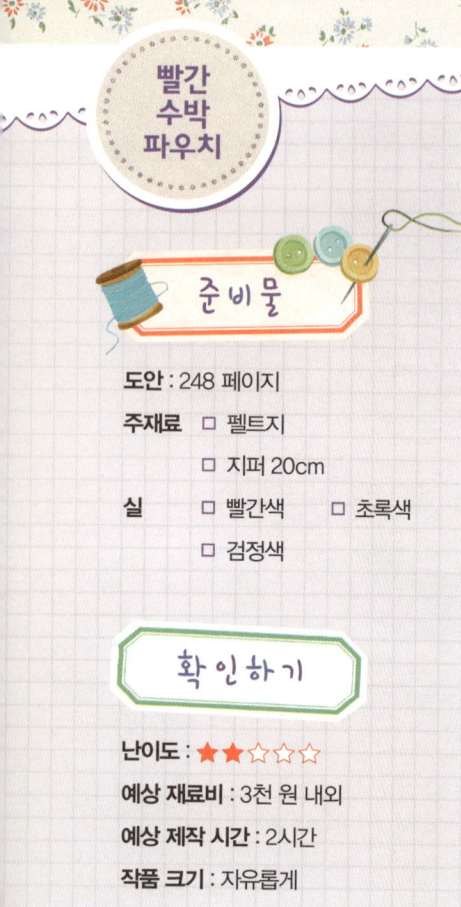

도안 : 248 페이지

주재료 ☐ 펠트지
　　　　 ☐ 지퍼 20cm

실　　 ☐ 빨간색 ☐ 초록색
　　　　 ☐ 검정색

확인하기

난이도 : ★★☆☆☆
예상 재료비 : 3천 원 내외
예상 제작 시간 : 2시간
작품 크기 : 자유롭게

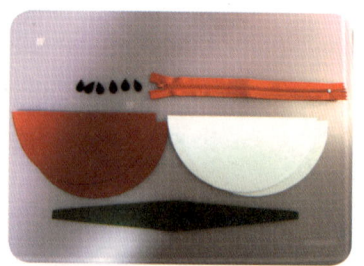

1 펠트지를 도안에 맞추어 수박 겉껍질, 속껍질, 과육, 수박씨를 오려 준비합니다.

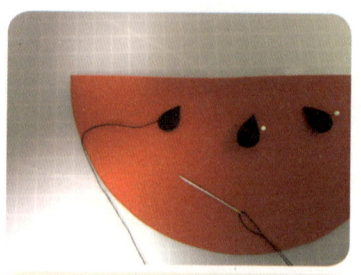

2 수박씨를 과육 부분에 아플리케해서 붙여 주세요.

3 과육 부분 뒤에 흰색 속껍질 펠트지를 스테이플러로 고정해 주세요.

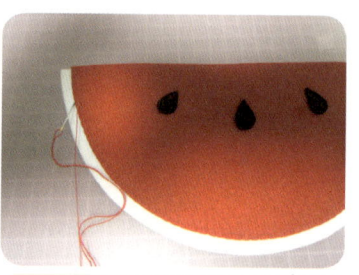

4 위쪽을 제외하고 과육과 속껍질 부분을 아플리케하여 고정해 줍니다.

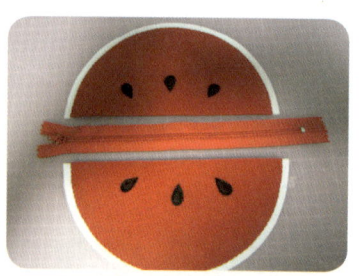

5 반대쪽도 같은 방법으로 만들어서 수박의 앞뒷면을 만들어 줍니다.

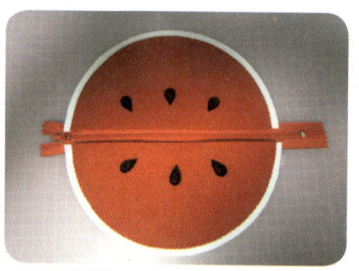

6 지퍼를 중심으로 반달 모양 수박을 사진처럼 자리 잡아 주세요.

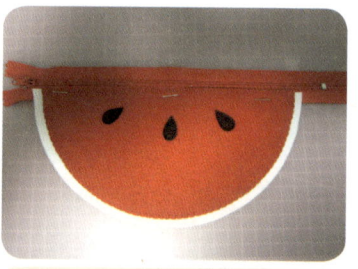

7 위치 잡은 지퍼와 과육 펠트지를 스테이플러로 고정해 줍니다.

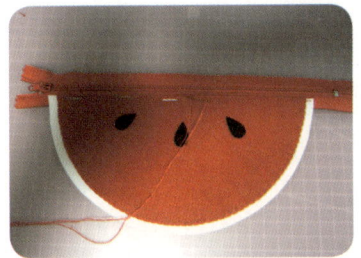

8 박음질이나 반박음질로 지퍼와 과육 펠트지를 단단히 고정해 줍니다.

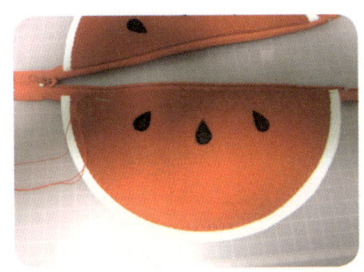

9 반대쪽도 같은 방법으로 바느질해 줍니다.

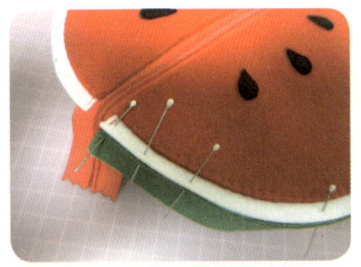

10 녹색의 겉껍질 펠트지 끝을 안쪽으로 살짝 접어 속껍질의 끝에 맞춰 고정해 줍니다.

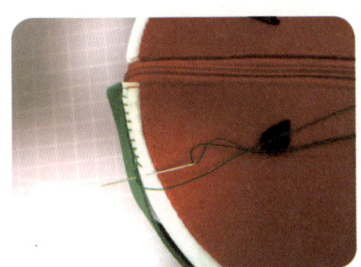

11 녹색 실로 겉껍질과 속껍질을 버튼홀 스티치 해 줍니다.

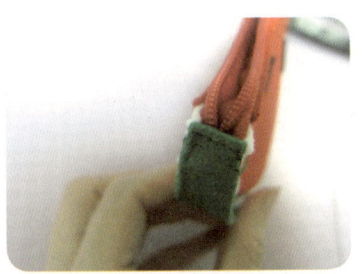

12 겉껍질의 끝을 안쪽으로 살짝 접어서 속껍질 끝에 맞춰 마무리합니다.

13 반대쪽도 마찬가지로 버튼홀 스티치해서 붙여 줍니다.

14 지퍼 끝까지 깔끔하게 마무리하여 수박 파우치를 완성합니다.

펠트소품 12

〝아이스크림 키홀더〞

달콤한 아이스크림 키홀더예요. 넉넉한 사이즈에 도톰한 앞면이 키를 많이 꽂아도 예쁘게 쏙 감춰주죠.
문을 열 때마다 깜찍한 미소를 보여주는 아이스크림 키홀더를 만들어 보세요.

아이스크림 키홀더

준비물

도안 : 249 페이지

주재료 □ 펠트지

부재료 □ 샤무드 끈 □ 키 링

실 □ 아이보리색 □ 갈색
□ 핑크색 □ 빨간색
□ 초록색

확인하기

난이도 : ★★☆☆☆

예상 재료비 : 3천 원 내외

예상 제작 시간 : 1시간 20분

작품 크기 : 길이 약 11cm

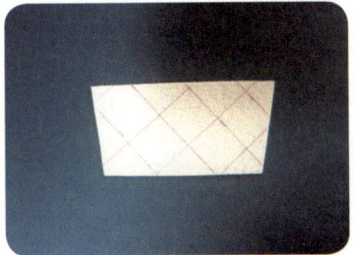

1 펠트지를 아이스크림 콘 모양으로 오리고 그 위에 1.5cm 간격으로 사선을 그려 줍니다.

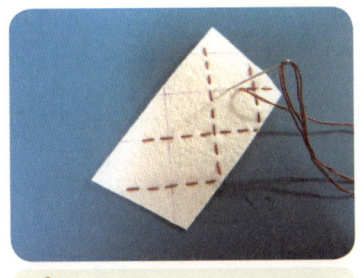

2 사선에 맞춰 갈색 실로 러닝 스티치해서 아이스크림 콘 무늬를 만들어 줍니다.

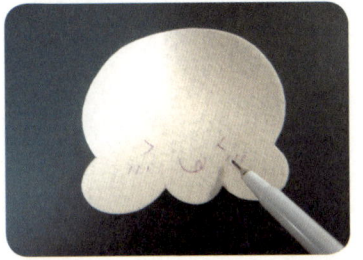

3 아이스크림의 크림 부분을 도안에 맞추어 오린 후 기화성 펜으로 깜찍한 아이스크림의 표정을 그려 줍니다.

4 색실을 두 줄로 겹쳐 눈, 입, 볼에 맞춰 스티치 합니다.

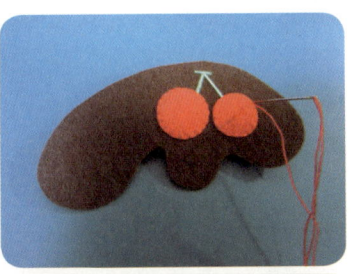

5 초콜릿색 펠트지를 초코시럽 모양으로 잘라줍니다.

6 그 위에 녹색실로 체리 줄기를 스티치 합니다.

7 체리 모양으로 펠트지를 잘라 초코 시럽 위에 아플리케 합니다.

안감 펠트지는 열쇠가 마찰되는 부분이라 보풀이 덜 생기는 펠트지를 선택하세요.

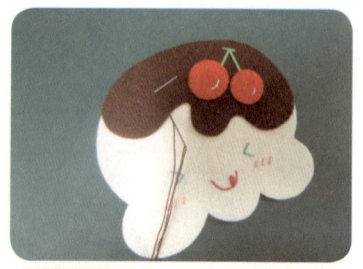

8 ④에서 만든 아이스크림 위에 초코시럽을 아플리케 합니다.

9 핑크색 펠트지를 아이스크림보다 조금 더 크게 잘라 그 위에 아이스크림을 아플리케 합니다.

10 핑크색과 같은 크기의 안감 펠트지를 준비합니다.

11 아이스크림 부분과 안감을 겹치고 그 밑 부분을 버튼홀 스티치 합니다.

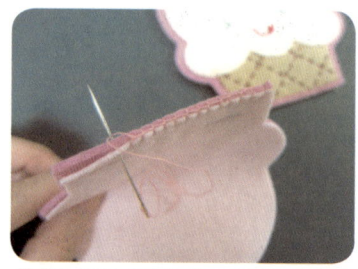

12 키홀더의 뒷면도 만들어 주세요. 핑크색 펠트지와 안감을 같은 모양으로 준비하고, 밑 부분만 버튼홀 스티치 합니다.

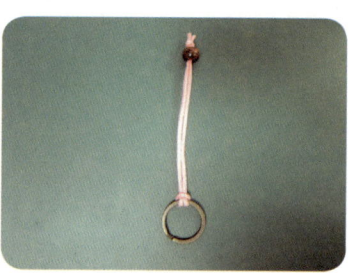

13 샤무드 끈에 키 링과 매듭 구슬을 연결합니다.

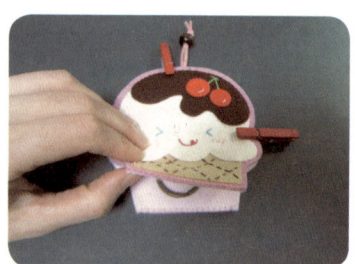

14 키홀더 앞면과 뒷면 사이의 중앙에 키 링을 자리 시킵니다.

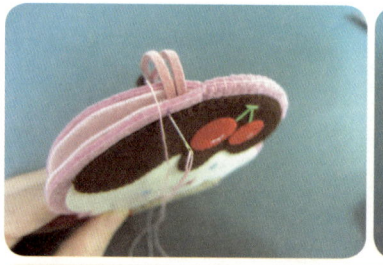

15 미리 스티치 했던 밑 부분을 제외하고 앞면과 뒷면을 버튼홀 스티치하여 완성합니다.

펠트소품 **13**

"꼬마 벽걸이 함"

반달 모양의 귀여운 꼬마 인형 수납함이에요. 벽걸이로 써도 좋고, 탁상 위에 올려놓으면 장식으로도 훌륭해요. 귀여운 꼬마 친구를 수납함으로 만들어 보세요.

꼬마 벽걸이 함

준비물

도안 : 250 페이지
주재료 ☐ 펠트지
부재료 ☐ 샤무드 끈 ☐ 장식 단추
실 ☐ 아이보리색 ☐ 갈색
  ☐ 노란색 ☐ 파란색
  ☐ 빨간색

확인하기

난이도 : ★★★☆☆
예상 재료비 : 4천 원 내외
예상 제작 시간 : 3시간
작품 크기 : 가로 약 12.5cm
  세로 약 11.5cm

1 펠트지를 머리 모양 도안에 맞추어 오린 후 머릿결을 스티치 합니다.

2 얼굴이 될 펠트지를 자르고 만들어 둔 머리를 올려줍니다.

3 밑단을 아플리케 합니다.

4 얼굴과 머리의 상단을 버튼홀 스티치 합니다.

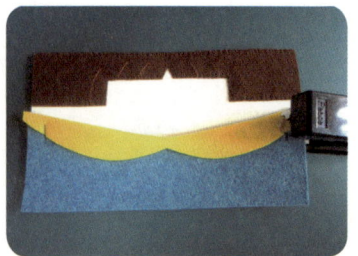

5 펠트지를 옷과 칼라 모양으로 오려서 준비한 후 얼굴에 스테이플러로 고정합니다.

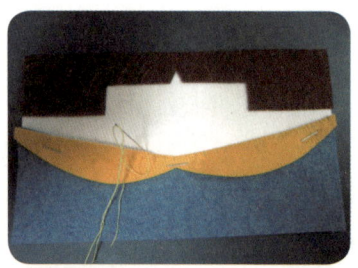

6 칼라와 옷의 상단을 얼굴에 아플리케 해서 고정해 줍니다.

7 칼라의 아래쪽과 옷이 만나는 부분은 글루건으로 붙여 주세요.

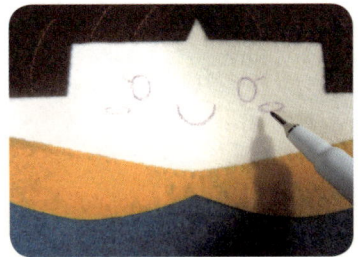

8. 기화성 펜으로 얼굴에 꼬마의 표정을 그려줍니다.

9. 눈은 펠트지를 오려 아플리케 하고 속눈썹, 입, 볼의 홍조는 색실로 스티치 합니다.

10. 이제 꼬마의 뒷모습을 만들 차례예요. 뒷머리, 뒤 칼라, 등을 준비한 후 위치를 잡아 스테이플러로 고정합니다.

11. 이때 앞모습의 머리, 칼라가 자연스럽게 연결되도록 위치를 맞춰 주세요.

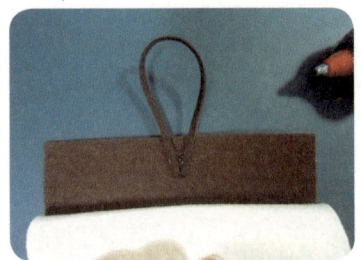

12. 뒷모습 얼굴과 머리 펠트지 사이에 끈으로 고리를 만들어 끼워 주고, 글루건으로 고정합니다.

13. 얼굴과 머리 펠트지를 겹쳐 버튼홀 스티치 합니다.

14. 앞모습과 뒷모습의 옆면을 버튼홀 스티치 하여 연결합니다. 머리, 칼라, 옷 색에 맞는 실로 색을 바꿔가며 바느질해 주세요.

15. 반대쪽도 마찬가지로 버튼홀 스티치 합니다.

16. 밑면은 펠트지를 반달 모양으로 잘라 준비합니다.

17 버튼홀 스티치로 꼬마 인형과 연결합니다.

18 이제 꼬마 인형의 팔과 소매가 될 부분을 오려 준비합니다.

19 팔 두 장을 겹쳐 윗부분을 제외하고 버튼홀 스티치 합니다.

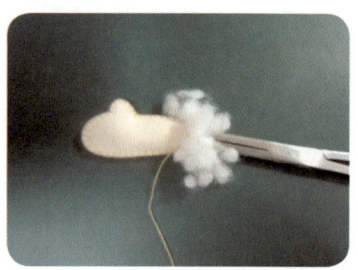

20 남겨두었던 팔 윗부분을 통해 솜을 넣어준 후 바느질을 마무리 합니다.

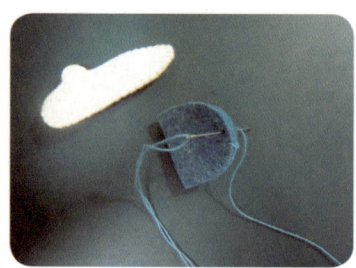

21 소매 두 장을 겹쳐 곡선 부위를 버튼홀 스티치 합니다.

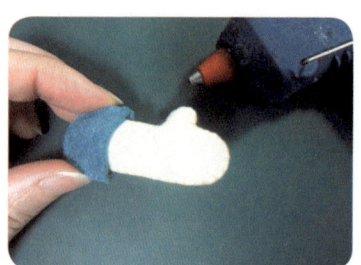

22 소매 안쪽에 글루건을 바른 후 팔을 끼워 넣고 고정합니다.

23 소매에 글루건을 발라 몸통에 붙여 줍니다. 똑같이 팔을 하나 더 만들어 양쪽에 붙여 주세요.

24 색연필로 볼을 발그레하게 그려줍니다.

25 흰색 아크릴 물감으로 눈동자를 찍어 수줍고 귀여운 꼬마 인형의 얼굴을 꾸며줍니다.

펠트소품 **14**

"멜빵 곰 손가방, 핸드폰가방"

오버 롤 팬츠로 포인트를 준 곰돌이 손가방이에요. 수첩이나 다이어리를 넣을 수도 있고,
핸드폰을 넣을 수도 있는 실용 만점의 아이템이랍니다.

멜빵 곰 손가방, 핸드폰가방

준비물

- 도안 : 253 페이지
- 주재료 : ☐ 펠트지
- 부재료 : ☐ 주머니용 조각 원단
  ☐ 샤무드 끈 ☐ 단추 등
- 실 : ☐ 노란색 ☐ 아이보리
  ☐ 갈색 ☐ 파란색

확인하기

- 난이도 : ★☆☆☆☆
- 예상 재료비 : 4천 원 내외
- 예상 제작 시간 : 2시간 30분
- 작품 크기 : 귀 제외 세로 16cm

멜빵 곰 손가방

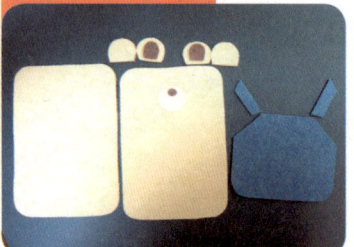

1 펠트지를 도안에 맞추어 곰돌이 몸통, 귀, 팬츠를 오려 준비합니다.

2 귀 안쪽(갈색)을 귀의 앞장에 아플리케 해 줍니다.

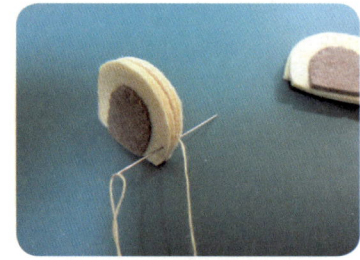

3 귀 앞장과 뒷장을 겹쳐 버튼홀 스티치 해 줍니다.

4 코도 아플리케로 고정해 준 후 갈색 실로 세로선을 스티치해 줍니다. 깜찍한 코가 완성되었어요.

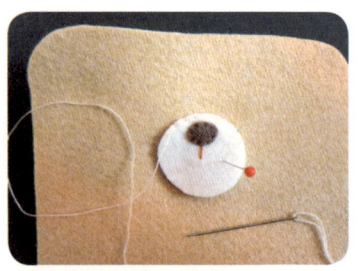

5 코를 얼굴에 아플리케하여 고정해 줍니다.

> 눈은 단추를 이용하면 더욱 똘망한 느낌을 낼 수 있어요.

6 귀와 눈도 바느질로 붙여 줍니다.

7 옆면과 앞면의 바느질 시작점을 표시합니다.

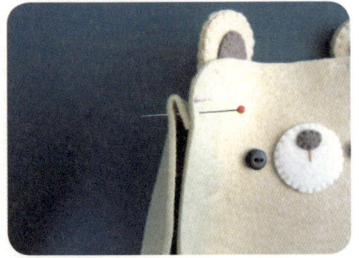

⬢ 8 안쪽으로 접어서 버튼홀 스티치를 시작합니다.

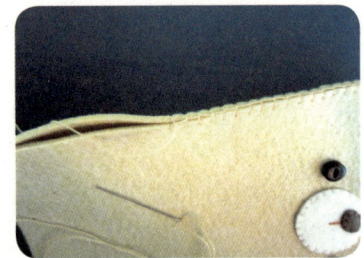

⬢ 9 앞면과 옆면을 버튼홀 스티치로 쭉 돌려 연결해 줍니다.

⬢ 10 마지막 부분은 안쪽으로 접어준 후 버튼홀 스티치로 마무리합니다.

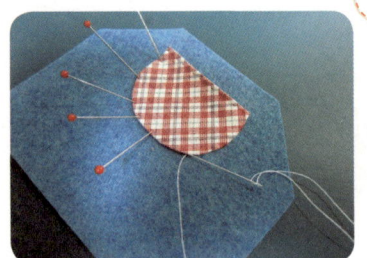

⬢ 11 이제 바지를 만들어 줄 거예요. 바지에 주머니를 아플리케 해서 고정해 줍니다.

스티치는 생략해도 괜찮습니다. 멜빵끈을 꿰매어 고정해 주세요.

⬢ 12 바지 상단에 밝은 색실로 러닝 스티치해 줍니다. 이때 멜빵끈도 같이 꿰매 주세요.

⬢ 13 가방 앞면에 바지를 스테이플러로 고정해 줍니다.

⬢ 14 그러고 나서 촘촘 홈질해 주세요. 실색은 바지와 같은 색으로 하면 더 깔끔해요.

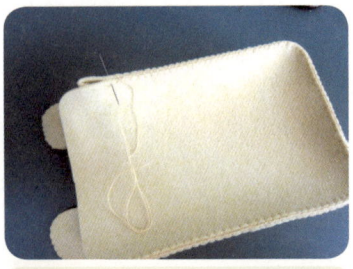

⬢ 15 뒷장과 옆면도 버튼홀 스티치로 연결해 줍니다.

⬢ 16 곰돌이 양쪽에 가죽 손잡이를 바느질로 달아 주고 단추로 포인트를 줍니다.

둘러보면 도움되는 이웃 블로거 ❶

"꼼지락 걸"의 꼼지락스토리

* **블로그 주소** : http://blog.naver.com/mjuhee
* **제작 카테고리** : 손뜨개 인형, 아미구루미, 코바늘 소품, 핸드메이드
* **특징** : 천천히, 느리게, 정성스레 한 코씩 만들어내는 나만의 코바늘 인형

가방에 쏙 들어가는 작은 코바늘과 실타래 하나만 있으면 상상하고 스케치한 모든 것을 만들어낼 수 있다며 행복해하는 꼼지락 걸. '꼼지락 스토리' 블로그는 그런 그녀의 핸드메이드 작품들로 가득한 공간이다. 가방 속의 노트와 연필은 불현듯 떠오르는 수많은 아이디어를 적거나 그리는 데 필요한 필수 아이템. 많은 낙서와 그림들 속에서 그녀만의 인형들이 탄생한다.

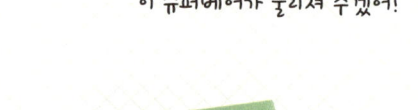

슈퍼베어

이 세상의 악의 무리는 이 슈퍼베어가 물리쳐 주겠어!

치어리더베어

"항상 응원하고 있어요!"

한 땀 한 땀 정성을 들여 인형을 완성했을 때의 성취감은 말로 표현할 수 없을 만큼 행복하고 뿌듯하다. 부드럽고 포근한 느낌 덕분에 남녀노소 할 것 없이 모두에게 사랑받는 따뜻한 선물이 된다.

항상 "빨리 빨리"를 외치는 요즘, 뭐든 빠르게 해야 하는 스트레스에서 잠시 벗어날 수 있는 해결책으로 손뜨개를 추천하곤 한다. 천천히, 느리게, 정성스레 한 코씩 완성하는 코바늘 인형을 통해 잠시라도 스트레스에서 벗어날 수 있다고, 행복한 미소로 그녀는 말한다. 오늘은 그녀와 함께 포근한 실, 예쁜 색, 귀여운 표정을 가진 특별한 인형을 만들어보는 것은 어떨까?

고운 색동한복을 입은 쌍둥남매

뭐니뭐니해도 한복의 아름다움을 따라갈 옷은 없죠

아기루돌프

"할아버지~ 올해는 착한 일 많이 했으니 선물 주실거죠?"

히어로들끼리 모여 단체촬영

"지구는 우리가 지킬테니 아무 걱정하지 마세요!"

작품제작을 위한 다양한 도안 그리기

모든 캐릭터들은 생각이 날 때마다 휴대폰 메모장이나 다이어리 등에 적어둔다고 한다. 재미있는 영화를 보거나 책을 읽을 때, 예쁜 옷이나 신발을 볼 때도 떠오르는 느낌들을 적어두고 그려 둔 덕분에 그 아이디어를 토대로 인형들을 탄생시킬 수 있었다고 한다.

둘러보면 도움되는 이웃 블로거 ❷

"비연"의 소소한 행복저장소!

* **블로그 주소** : http://kkumsile.blog.me
* **제작 카테고리** : 타월 인형, 펠트, 테디 베어, 발도르프 인형, 손뜨개, 리폼, 선물 포장 외
* **특징** : 포근한 느낌을 가진 다양한 분야의 작품을 소개하는 블로그

세상에 하나뿐인 나만의 인형을 만들 때면 언제나 설렌다는 소녀 감성을 지니고 있는 비연.
그녀가 꾸미는 블로그의 느낌은 따스한 봄날 햇살 같은 포근함이 아닐까 한다. 그래서인지 그녀가 소개하는 인형들은 하나같이 따뜻하고 편안한 느낌을 준다.

우울한 구름이 쿠션

개구쟁이 구르미 손목쿠션

비연의 '소소한 행복 저장소'에는 그녀만의 사랑스러움이 묻어난 다양한 작품들이 담겨있다.

그녀를 핸드메이드 세계로 초대한 테디 베어를 시작으로 발도르프 인형, 펠트, 손뜨개, 선물 포장, 리폼, 그리고 그녀만의 상상 세계가 묻어난 타월 인형까지... 특히 타월 인형들을 보는 순간 그 사랑스러움에 눈을 뗄 수 없을 것이다. 지금 이 순간에도 그녀가 소망하고, 느끼고, 꿈꾸는 것들이 모두 담긴 공간으로 놀러가 보는 건 어떨까?

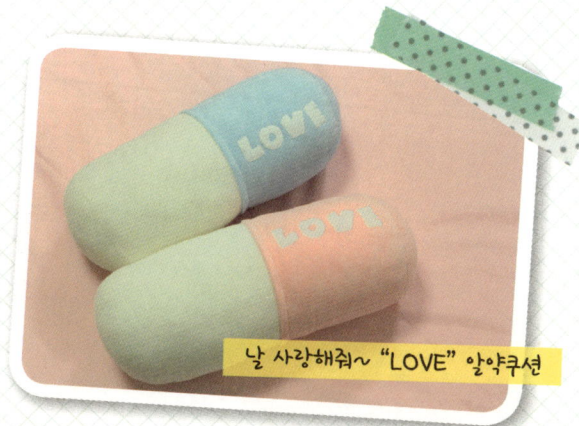

날 사랑해줘~ "LOVE" 알약쿠션

아~ 늘어져~ 삼남매 손목쿠션

꿀꿀 의좋은 "돼복이" 형제

말캉말캉 만두인형 "만도이"

가방에 쏘옥~ 휴대용 티슈케이스

비연의 '소소한 행복 저장소'에서 제일 중요하게 생각하는 건 스스로만 만족하는 작품이 아닌 블로그를 찾는 이웃들도 보는 순간 '나도 만들 수 있겠다'하는 자신감을 심어줄 수 있는 인형을 만드는 것이다.

핸드메이드는 많은 사람들이 동경하고 궁금해 하지만 쉽사리 도전하기 어려운 분야인데, 그런 사람들에게 자신감을 주고 핸드메이드의 세계로 한 발짝 들어올 수 있는 길을 만들어주고 싶은 게 비연의 바람이다. 핸드메이드 세계로 발을 들이고 싶다면 비연의 '소소한 행복 저장소'에서 함께 손끝 마법에 입문해 보자.

매일 느껴보는 봄날 "화사한 컵받침"

Flower 통장케이스 "부자 될 거야~"

쉿! 나만 아는 시크릿 파우치

손뜨개랑 펠트랑 찰떡궁합 필통 케이스

작업 엿보기

보들보들 말캉말캉 사랑의 알약쿠션 만들기

타월 원단으로 만든 알약 쿠션, 특별한 날 서로의 사랑이 더 깊어지기를…
외사랑으로 힘들 때 그 마음이 전해지기를… 내 정성과 마음을 담아 선물해 보는 건 어떨까?

1 핑크원단(가로 52cm×세로 23cm)과 흰색 원단(가로 52cm×세로 22cm)로 재단합니다.

2 옆면에 부착될 핑크색과 흰색 원을 재단합니다.(지름 50cm)

3 핑크 원단 아래 부분을 2cm 정도 안으로 접어 줍니다.

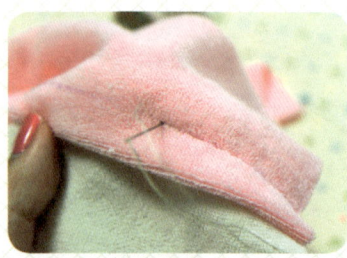

4 핑크 원단을 1cm 위로 기화성 펜으로 선을 그은 뒤 선을 따라 박음질을 합니다.

5 이때 양쪽 끝의 위치를 같도록 해주세요. 그래야 양쪽을 연결했을 때 예쁘답니다.

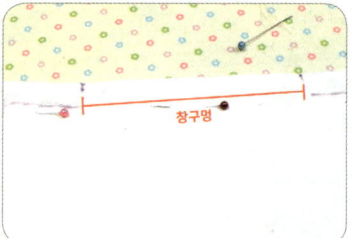

6 흰색과 핑크색 원단을 반으로 접어 창구멍 부분을 체크해주세요.

7 창구멍과 양옆 부분을 남겨두고 박음질을 해주세요.

8 박음질된 사각형 원단에 원으로 재단한 원단을 준비합니다.

9 핑크색과 사각형 원단에 원형 원단을 둘러가면서 박음질하여 연결해주세요.

  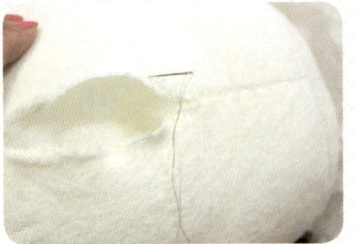

10 창구멍을 통해 박음질된 원단을 뒤집어 줍니다.

11 창구멍을 통해 솜을 집어 넣어줍니다.

12 솜을 빵빵하게 채웠으면 공그르기로 창구멍을 막아줍니다.

13 흰색 펠트지에 'LOVE' 빨간색 펠트지에는 '+'를 그린 다음 재단하여 위치를 잡은 뒤 감침질합니다.

14 빨간색 '+' 표시도 위치를 잡은 뒤 감침질 합니다.

15 예쁜 사랑의 알약 쿠션이 만들어졌어요.

스윗쥬 아이스콘
귀여운 동물들이 달콤한 아이스콘으로 변신!

둘러보면 도움되는 이웃 블로거 ❸

"써니"의 상상메이크

★ **블로그 주소** : http://psyelf.blog.me
★ **제작 카테고리** : 펠트, 태팅레이스, 클레이 공예, 인형, 손뜨개
★ **특징** : 아기자기하고 귀여운 소품들과 액세서리를 소개하는 블로그

"나의 상상이 꿈이 되고…그 꿈이 이루어지는 곳…" 써니의 블로그 '상상메이크'에 들어가면 볼 수 있는 문구이다. 그리고 그것은 그녀가 바라는 그녀만의 세상이기도 하다. 써니의 '상상메이크'는 상상하는 모든 것을 손으로 만들어 가는 곳이다. 그래서일까? 작품 하나하나마다 그녀의 성격이나 스타일이 고스란히 드러난다. 블로그를 보면 펠트, 태팅레이스, 클레이 공예, 인형, 손뜨개 등의 많은 공예를 통해 그녀의 재미난 상상력과 솜씨를 볼 수 있다.
아기자기하고 즐거운 생각에 사로잡히고 싶다면, 바로 써니의 '상상메이크'로 놀러가 그녀와 함께 행복한 상상에 빠져보자!

과자집 — 하나씩 떼어먹고 싶은 맛있는 집

아이스크림 핸드폰고리 — 골라 갖는 재미가 있는 미니 아이스콘들

푸딩 5총사 — 탱글탱글 푸딩이 아닌, 폭신폭신한 푸딩 아가들

마카롱 — 펠트로 만든 앙증맞은 마카롱

달콤하고 귀여운 펠트 작품들

태팅레이스 작품들

섬세함과 우아함이 공존하는 태팅레이스들

귀엽고 작은 소품을 좋아하는 그녀답게 써니의 작품들 중에는 유난히 작고 앙증맞은 사이즈를 가지고 있는 것들이 많다. 작품 하나하나 볼 때마다 섬세한 그녀의 솜씨에 놀라고, 가지고 싶다는 생각이 자꾸 들게 만드는 것이 써니의 '상상메이크'의 매력이기도 하다.

요즘 그녀가 관심을 가지고 배우고 있는 태팅 레이스 작품들은 얇은 실로 만들어내는 고급스러움과 아름다운 무늬가 눈을 뗄 수 없게 만든다. 그리고 그녀의 블로그에서 볼 수 있는 많은 종류의 해외자료들은 이웃들과 공감하며 함께 배우는 공부방이라고 그녀는 말한다.

수공예를 할수록 그 깊이와 넓이에 항상 놀란다는 그녀. 그래서 더욱 많은 공예 경험을 쌓고 공부를 하기 위해 항상 노력을 게을리 하지 않는다. 그것이 그녀의 상상력을 키워주며, 그녀만의 작품이 탄생하도록 밑거름이 된다고 스스로 믿는다. 자신이 상상하던 것을 직접 만들어 보고 싶다면, 그리고 아직 그 방법을 모른다면, 써니의 '상상메이크'에서 그녀만의 비법 전수를 받아보는 것은 어떨지...

귀여운 작품이 가득한 상상메이크로 놀러갈까요?

작업 엿보기

아이스콘 핸드폰 고리 만들기

내가 좋아하는 맛의 아이스크림을 만들어 가지고 다녀보세요.

1 아이스콘 과자 원단에 홈질로 과자 라인을 표시해 줍니다.

2 과자 부분과 아이스크림 부분이 맞닿는 곳을 홈질로 연결해 줍니다.

3 앞면과 뒷면 원단을 겹쳐 아이스크림 부분부터 버튼홀 스티치 합니다.

4 아이스크림 부분의 바느질이 끝나면, 과자 부분도 버튼홀 스티치 합니다.

5 과자 부분의 바느질을 마무리 하기 전에 솜을 넣어 줍니다.

6 비즈로 눈을 달아주고 입 모양을 스티치 해준 뒤, 미니 리본을 달아 줍니다.

양모를 요철이 있는 전용 바늘로 찔러 엉키게 하는 니들 펠트 공예로, 양모가 서로 엉키고 뭉쳐서 단단해지는 성질을 이용하여 인형, 악세사리, 소품 등을 만들 수 있어요.

도안 고민 없이 섬세한 입체 모양을 표현하기도 좋고 양모 특유의 포근한 느낌이 마음까지 따뜻하게 감싸주는 매력이 있어요.

Part 02
양모 소품 만들기

양모소품 01

"양모 볼 목걸이"

양모 볼은 양모 공예의 기본이면서 쓰임새도 다양해서 유용하게 사용할 수 있어요. 양모 볼을 활용하면 목걸이뿐 아니라 머리핀, 핸드폰 고리, 인테리어 소품과 같은 다양한 작품을 만들 수 있어요.

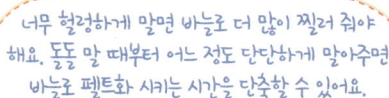

양모 볼 목걸이

> 너무 헐렁하게 말면 바늘로 더 많이 찔러 줘야 해요. 돌돌 말 때부터 어느 정도 단단하게 말아주면 바늘로 펠트화 시키는 시간을 단축할 수 있어요.

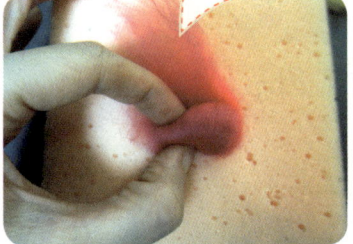

1 적당량의 양모를 떼어 손으로 힘 주어 돌돌 말아줍니다.

2 1구 바늘로 윗부분을 찔러 동그스름한 모양을 만들어 줍니다.

준비물

- 도안 : 254 페이지
- 주재료 □ 양모 여러 가지 색
- 부재료 □ 리본 1cm 폭
  □ 오링
  □ 우레탄 줄 or 굵은 실

확인하기

- 난이도 : ★☆☆☆☆
- 예상 재료비 : 3천 원 내외
- 예상 제작 시간 : 1시간 30분
- 작품 크기 : 양모 볼 지름 약 3cm

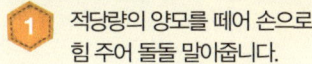

3 이번에는 옆부분을 찔러 동그스름한 모양을 만들어 줍니다.

4 어느 정도 뭉쳐진 상태가 되면 5구 바늘로 찔러서 모양을 다듬어 줍니다.

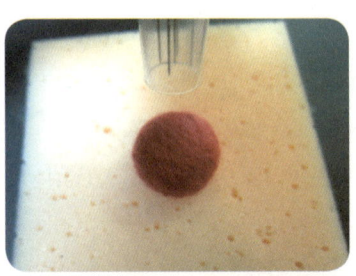

5 볼을 조금씩 돌려가면서 동그란 모양이 되도록 만들어 주세요.

6 표면이 매끄럽게 정리되면서 볼모양이 나오면 완성됩니다.

7 송곳으로 볼의 중앙을 관통하여 목걸이 줄을 달기 위한 구멍을 냅니다.

리본에 따라 느낌이 달라지니 다양한 리본으로 사용할 때마다 변화를 줘 보세요. 현재 보이는 샘플은 스웨이드 리본이에요.

8 우레탄 줄로 볼을 하나씩 엮어 줍니다. 볼은 색색가지로 원하는 차례대로 엮으면 돼요.

9 오링을 준비하고 우레탄 줄로 감아 양모 볼 묶음의 끝을 마무리 합니다.

10 오링에 리본을 묶어 목걸이를 완성합니다.

[+] 활용 하기

표면을 매끄럽게 완성하려면~

볼을 만들었는데 표면이 너무 울퉁불퉁하고 뭉친 느낌이 있을 때는 아래와 같은 방법을 이용해 보세요. 만들어 놓은 볼에 양모를 한겹 덧대어 펠트화 시켜주면 시간도 단축되면서 매끈한 표면도 얻을 수 있습니다.

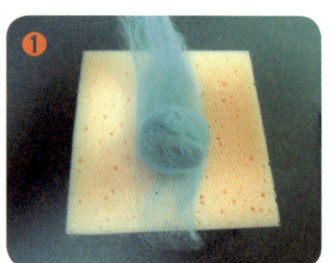

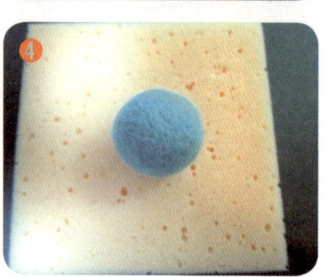

❶ 만든 양모 볼 위에 양모를 한 겹 더 말아 주세요. 이때 겉의 양모는 결이 곱게 정리되어 있어야 합니다.
❷ 겉에 감싼 양모와 양모 볼이 뭉쳐지도록 5구 바늘로 찔러 줍니다.
❸ 중간 중간 손바닥에 놓고 양모 볼을 굴려주면 표면 정리가 더 잘됩니다.
❹ 겉에 추가한 양모로 뭉친 부분이 깔끔하게 가려진 모습입니다.

양모소품 **02**

"쿠키맨 핸드폰 줄"

납작한 몸통에 팔다리만 붙여주면 완성되는 쿠키맨이에요.
달콤한 쿠키 모양이라 더 귀엽게 보이는 쿠키맨 핸드폰 줄을 완성해 보세요.

쿠키맨 핸드폰 줄

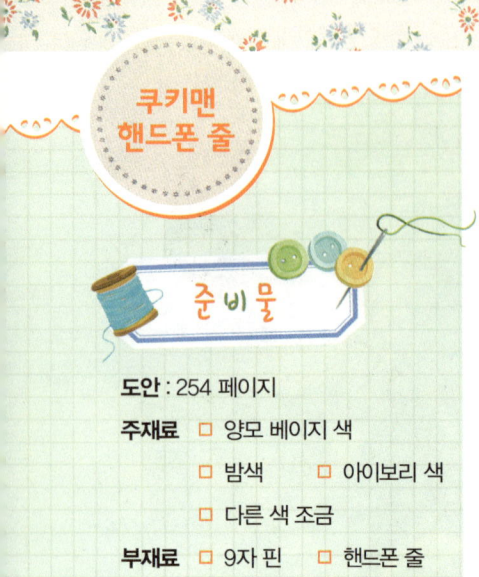

준비물

도안 : 254 페이지

주재료 ☐ 양모 베이지 색
　　　　　☐ 밤색　　☐ 아이보리 색
　　　　　☐ 다른 색 조금

부재료 ☐ 9자 핀　☐ 핸드폰 줄
　　　　　☐ 오링

확인하기

난이도 : ★☆☆☆☆
예상 재료비 : 1천 원 내외
예상 제작 시간 : 1시간
작품 크기 : 세로 약 5.5cm

1 양모를 적당량 떼어 정사각형 형태로 접어줍니다.

2 1구 바늘로 윗부분을 찔러 동그랗게 만들어줍니다.

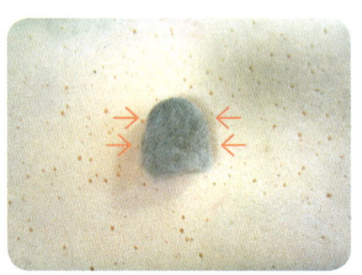

3 옆부분도 찔러 동그스름한 쿠키맨의 머리 모양을 만들어 줍니다.

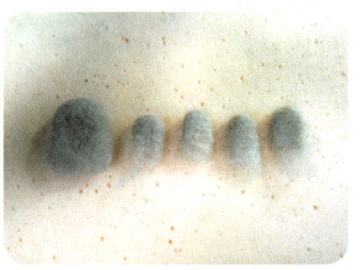

4 같은 방법으로 크기에 맞게 팔과 다리도 만들어 줍니다.

5 몸통에 팔과 다리를 겹쳐 바늘로 찔러줍니다.

6 연결 부분을 다듬으면서 바늘로 찔러줍니다.

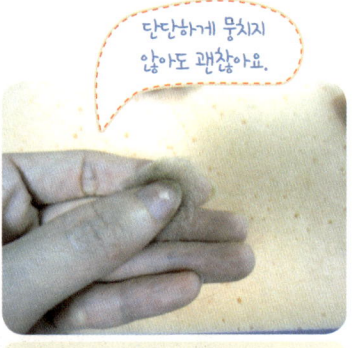

단단하게 뭉치지 않아도 괜찮아요.

7 양모를 조금 뜯어서 손으로 비벼 살짝 뭉치게 해 줍니다.

연결 부위의 부자연스러움을
커버해 주는 역할을 해요.

⑧ 몸통과 팔의 연결 부위에 올려놓고 바늘로 찔러 줍니다.

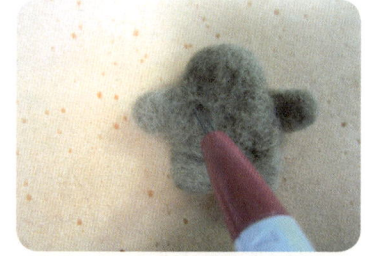

⑨ 자연스러워질 때까지 바늘로 반복해서 찔러 다듬어 줍니다.

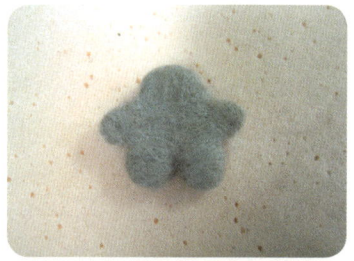

⑩ 반대쪽 팔과 양쪽 다리도 같은 방법으로 연결 부위에 양모를 덧대어 줍니다.

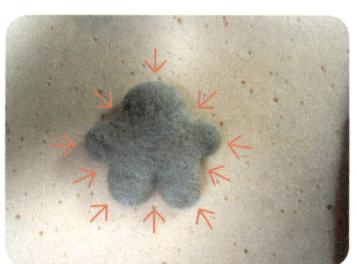

⑪ 전체적으로 바늘로 찌르면서 모양을 다듬어 줍니다. 쿠키맨의 바깥쪽도 전체적으로 부드러운 곡선이 되도록 해 주세요.

⑫ 쿠키맨 뒤쪽도 앞쪽에 했던 것과 마찬가지로 연결 부위에 양모 뭉치를 덧대어 부자연스러운 부분을 감추고 다듬어 줍니다.

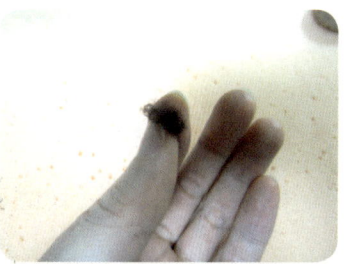

⑬ 갈색 양모를 조금 떼 내어 손으로 비벼서 동그란 모양으로 만듭니다.

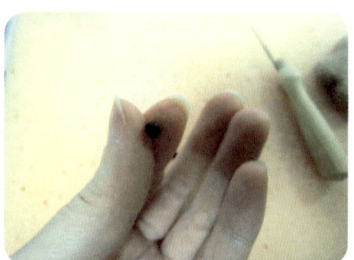

⑭ 아주 작은 양의 양모라 바늘로 찌르기 힘든데, 이런 경우에는 손으로 비벼서 뭉쳐 주세요.

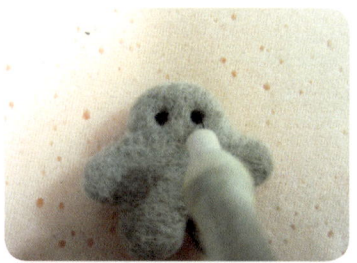

⑮ 밤색 양모를 적당한 위치에 올려놓고 1구 바늘로 찔러 고정해 줍니다.

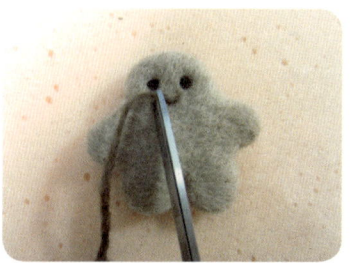

⑯ 양모를 가늘게 말아 입모양을 찔러 주고 끝은 가위로 잘라줍니다.

 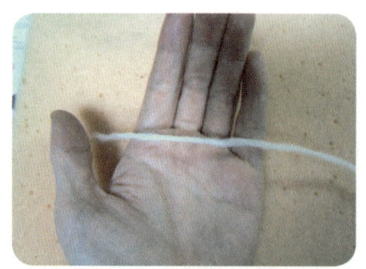 

17 가위로 자른 부분도 바늘로 찔러서 깔끔하게 마무리해 줍니다.

18 흰색 양모를 길게 잘라 손바닥에 놓고 양손으로 비벼서 양모 끈을 만듭니다.

19 왼쪽 팔에 흰색 양모를 감고 1구 바늘로 찔러서 고정해 줍니다.

20 다른 팔과 다리에도 같은 방법으로 쿠키맨의 팔다리를 장식해 줍니다.

21 색색의 양모를 손가락으로 비벼서 작은 볼을 만들어 줍니다.

22 만든 미니 볼은 바늘로 가슴에 찔러 쿠키맨의 단추를 만들어 줍니다.

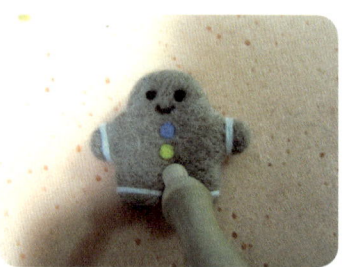  

23 아랫부분에도 같은 방법으로 색이 다른 양모를 붙여 단추로 만들어 줍니다.

24 송곳으로 쿠키맨의 다리 사이에서 머리 중앙까지 관통하여 구멍을 만들어 줍니다.

25 아래쪽에서 9자 핀을 꽂아 줍니다.

26 롱로우즈를 이용하여 머리 위에서 잡아 당겨 고리를 만들어줍니다.

27 머리 쪽 고리에 오링을 끼워 줍니다.

28 핸드폰 줄을 달아 완성합니다.

단추의 바깥쪽을 1구 바늘로 찔러주면 살짝 볼록한 모양의 입체감이 생겨요.

양모소품 03

베어 브로치

작고 포근한 느낌의 베어 브로치예요. 간단하고 만들기 쉬운 동글동글 귀여운 베어 브로치를 만들어 친구들에게 선물해 보세요.

베어 브로치

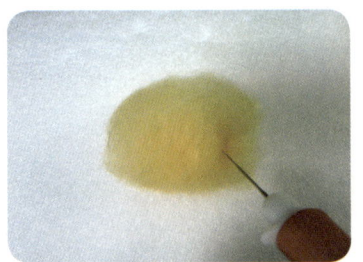

① 양모를 약간 큰 곰돌이 얼굴 크기로 말아 1구 바늘로 찔러 줍니다.

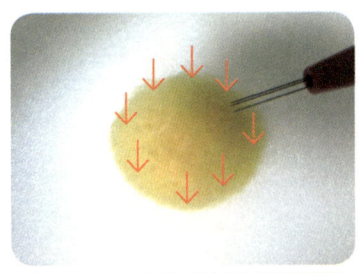

② 3구 바늘로 윗부분을 찔러 동그랗게 만들어줍니다.

준비물

도안 : 254 페이지

주재료 ☐ 양모 연노란 색
　　　　☐ 갈색　　☐ 아이보리 색
　　　　☐ 핑크색 조금

부재료 ☐ 화살눈　☐ 조각 원단
　　　　☐ 브로치 핀　☐ 펠트지 조금

확인하기

난이도 : ★☆☆☆☆
예상 재료비 : 1천 5백원 내외
예상 제작 시간 : 50분
작품 크기 : 얼굴 가로 약 5cm

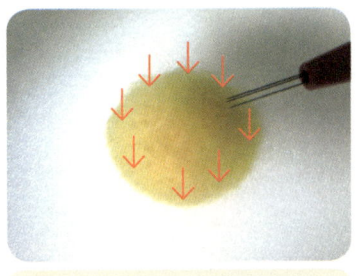

③ 옆부분도 같은 방법으로 찔러서 얼굴 모양이 되도록 만들어 줍니다.

④ 양모를 계단식으로 곱게 겹쳐 놓아 줍니다.

⑤ 5구 바늘로 몇 차례 찔러 동그란 모양을 만듭니다

⑥ 만들어놓은 얼굴에 양모를 한 겹 덧대어 줍니다.

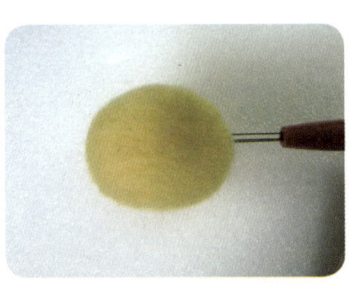

⑦ 3구나 5구 바늘로 위, 옆을 섬세하게 골고루 찔러서 얼굴 모양을 다듬어 줍니다.

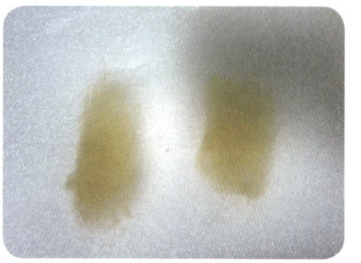

⑧ 귀가 될 만큼의 양모를 조금 뜯어 줍니다.

⑨ 돌돌 말아 준 다음 바늘로 찔러 줍니다.

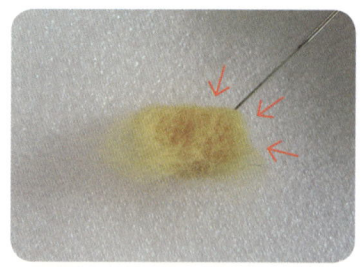

⑩ 옆과 앞을 골고루 찔러 동그란 귀 모양을 만들어 줍니다.

아랫 부분은 얼굴에 연결할 부위이기 때문에 풀어진 형태로 둡니다.

⑪ 귀는 안쪽을 더 찔러주어 테두리가 통통하고 가운데는 움푹 파인 모양으로 만들어 주세요.

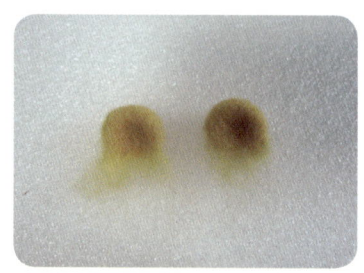

⑫ 다른 한쪽도 같은 방법으로 만들어 두 개의 귀를 완성합니다.

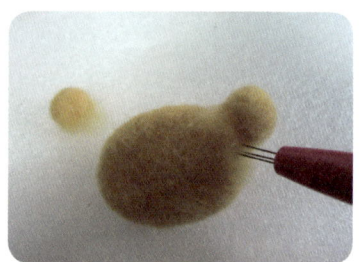

⑬ 귀의 풀어진 부분을 얼굴에 덧대고 바늘로 찔러 고정해 줍니다.

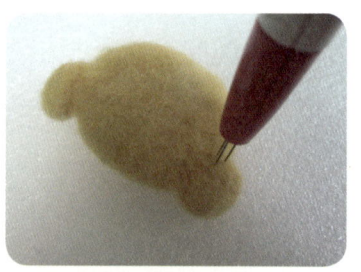

⑭ 뒤쪽에서 찌르기를 시작하여 귀가 앞쪽으로 살짝 말리도록 모양을 잡아 주세요.

⑮ 앞에서 본 모습이에요. 귀가 앞쪽으로 말려 있는 것을 확인할 수 있어요.

⑯ 곰돌이의 코 부분이 될 아이보리 색 양모를 조금 말아 바늘로 찔러 주세요.

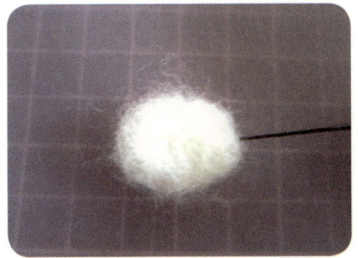

17 바늘을 이용하여 동그랗게 만듭니다.

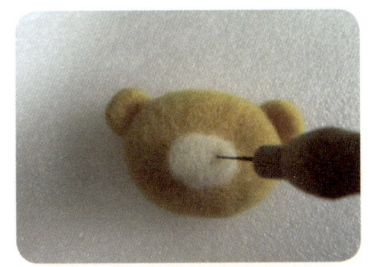

18 다 만든 코 부분을 얼굴에 올려놓고 1구 바늘로 찔러 고정합니다.

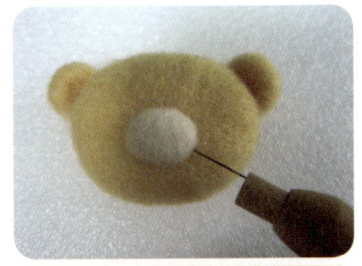

19 아이보리 색 양모의 테두리를 섬세하게 찔러 연결 부분을 깔끔하게 다듬어 줍니다.

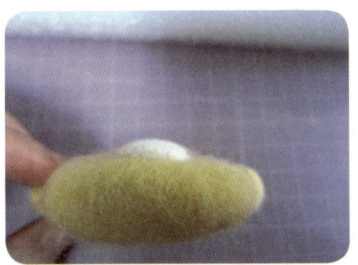

20 다듬어진 옆모습이에요. 얼굴 부분이 살짝 부풀어 있는 것을 확인할 수 있어요.

21 기화성 펜으로 눈과 코, 입의 위치를 표시해 줍니다.

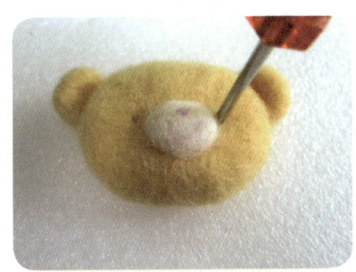

22 송곳을 이용하여 표시된 부분을 구멍내 줍니다.

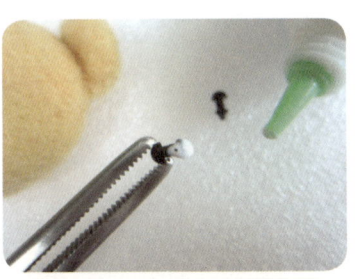

23 화살눈의 끝에 다용도 풀을 발라 줍니다.

24 풀 바른 화살눈을 뚫어 놓았던 구멍에 끼워 넣어 줍니다.

아주 작은 양의 양모라 바늘로 찌르기 힘들므로 손으로 비벼서 만들어 주세요.

25 갈색 양모를 조금 떼어 손으로 비벼서 동그란 모양으로 만들어 줍니다.

97

26 갈색 양모를 아이보리 색 코 부분의 중앙에 올려놓고 1구 바늘로 찔러 고정해 줍니다.

27 핑크 색 양모를 조금 떼어 손으로 살짝 비벼 만든 후 볼에 바늘로 찔러 고정합니다.

28 조각 원단을 귀보다 작은 반달 모양으로 자른 후 풀을 발라 줍니다.

29 풀 바른 원단 조각을 귀에 붙여 줍니다.

30 뒷면에 펠트지를 동그랗게 잘라 붙이고 브로치 핀을 글루건으로 고정해 완성합니다.

> 펠트지를 사용하면 양모만으로 만드는 것보다 훨씬 튼튼하게 사용하실 수 있어요.

양모소품 **04**

다람쥐 메모꽂이

통통한 몸매가 매력적인 다람쥐와 도토리예요. 아래 스프링에 메모를 꽂을 수 있어 책상 위나 차에 고정해 놓고 사용하면 시선 집중이 될 거예요.

다람쥐 메모꽂이

준비물

도안 : 255 페이지

주재료
- ☐ 양모 갈색 ☐ 밤색
- ☐ 흰색 ☐ 초록색

부재료
- ☐ 구슬 눈 ☐ 실
- ☐ 메모꽂이 스프링

확인하기

난이도 : ★★☆☆☆
예상 재료비 : 2천 원 내외
예상 제작 시간 : 1시간 30분
작품 크기 : 꼬리 제외 세로 약 4.5cm

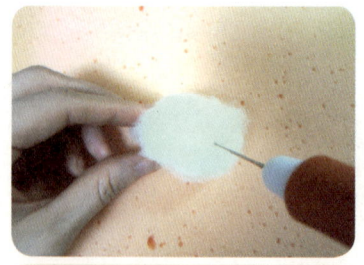

1 양모 베이스를 말아 바늘로 찔러 둥글게 뭉쳐 줍니다.

2 이렇게 말려진 양모 베이스는 다람쥐 몸통의 기본 틀이 될 거예요.

3 갈색 양모를 베이스 위에 말아 줍니다.

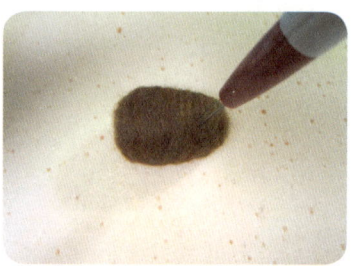

4 3구 바늘로 찔러 다람쥐 몸 형태를 만듭니다.

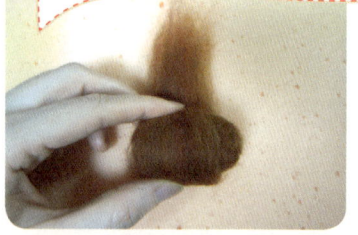

> 한거번에 많이 덧대면 층이 생겨서 부자연스럽기 때문에 조금씩 추가하면서 경계가 생기지 않도록 자연스럽게 풀어주고 바늘로 찔러야 해요.

5 몸통 위쪽보다 좀 더 통통해야 예쁜 배 모양을 만들 수 있기 때문에 배 부분만 갈색 양모를 덧대어 말아 줍니다.

6 5구 바늘 이용해 전체적으로 모양을 다듬어 주면서 찔러 줍니다.

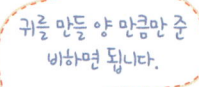

> 귀를 만들 양 만큼만 준비하면 됩니다.

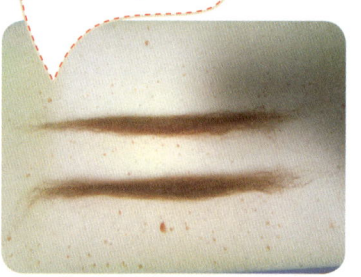

7 갈색 양모를 두 가닥을 소량 떼어 놓습니다.

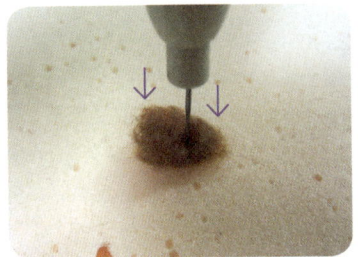 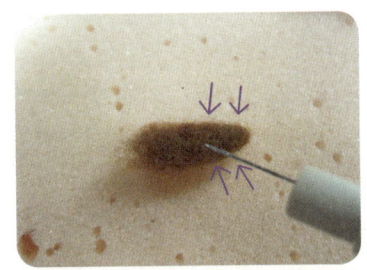 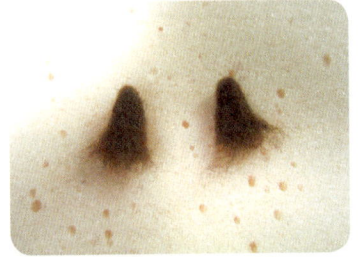

8 양모를 돌돌 말아 위, 옆을 바늘로 찔러서 삼각형을 만들어 줍니다. 이 때 몸에 연결하는 쪽의 부위는 풀어진 채로 둡니다.

9 귀의 위, 옆을 섬세하고 꼼꼼하게 찔러 좀 더 뾰족한 귀 모양을 만들어 줍니다.

10 같은 방법으로 귀 한 쌍을 완성합니다.

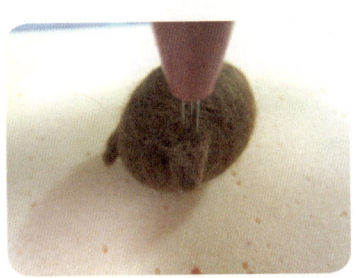 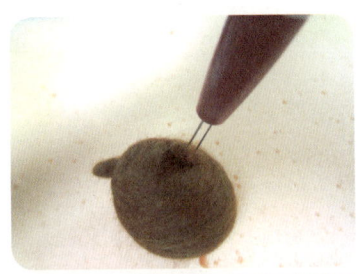 

11 귀의 풀어진 부분을 머리에 덧대어 바늘로 찌르면서 고정해 줍니다.

12 귀 뒤쪽에서 찔러주면서 귀가 앞쪽으로 살짝 말리도록 모양을 잡아주세요.

13 몸에 줄무늬와 눈의 위치 등을 기화성 펜으로 표시해 줍니다.

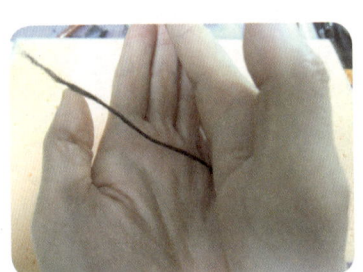 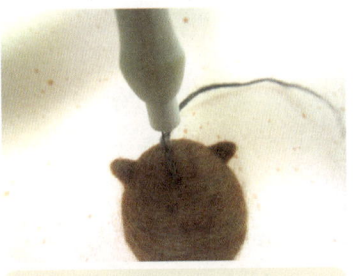 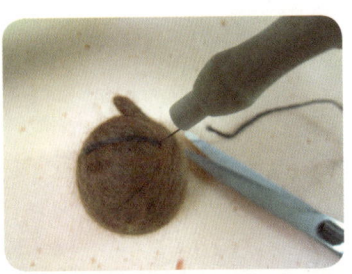

14 밤색 양모를 길게 떼 내어 손바닥에 놓고 비벼 줍니다.

15 머리 줄무늬가 될 위치에 밤색 양모 끈을 위치한 후 바늘로 찔러서 고정하고 끝은 가위로 잘라 줍니다.

16 자른 면도 바늘로 찔러서 깔끔하게 마무리해 줍니다.

바느질 시작과 끝을 귀 앞쪽에서 하면 매듭이 깔끔하게 가려져요.

17 바늘에 실을 꿰어 눈 구슬을 달아 줍니다.

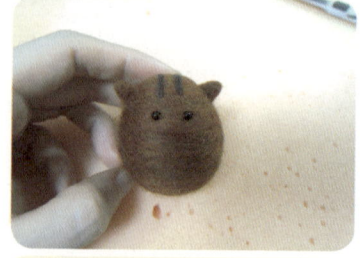

18 양쪽을 같은 방법으로 눈을 만들었어요.

19 흰색 양모를 계단식으로 곱게 겹쳐 놓은 후 5구 바늘로 찔러 줍니다.

흰색 양모의 테두리를 안쪽으로 접으면서 원형이 되도록 만들어 주고 섬세하고 꼼꼼하게 더 찔러서 마무리합니다.

★ 입 수 놓는 순서

길이가 여유 있게 바느질해 주세요.

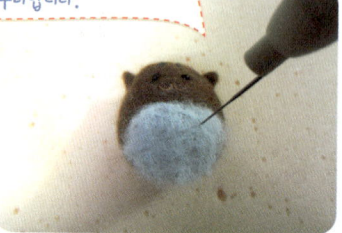

20 다람쥐 배에 흰색 양모를 올려놓고 바늘로 찔러 고정해 줍니다.

21 기화성 펜으로 그린 선을 따라 노란색 실로 입을 표현해 줄 거예요. 매듭지은 실을 귀 바로 앞에서 시작해서 입 위치로 빼 줍니다.

22 입 부분의 실을 시침핀을 꽂아 고정한 후 반대쪽 귀 쪽으로 마무리 합니다.

풀은 마르면 투명해집니다.

23 실에 다용도 풀을 바른 후 다람쥐 얼굴에 붙여 줍니다. 이때 U자 모양이 잘 만들어지도록 시침핀으로 살짝 꽂아 말려 주세요.

24 꼬리가 될 갈색 양모를 길게 떼어 줍니다.

25 양모를 그대로 바늘로 찔러서 조금 뭉쳐 줍니다.

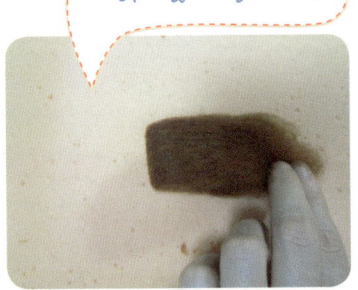

처음부터 짧게 만들어도 돼요.

26 그대로 반을 접어줍니다.

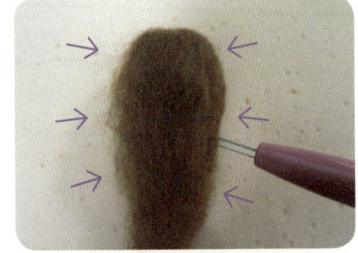

27 접힌 부분이 보이지 않도록 가장자리 양모를 펼쳐서 옆을 가린 후 바늘로 찔러 정리해 줍니다.

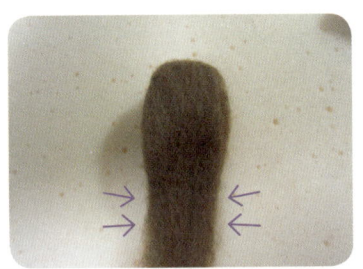

28 윗부분을 조금 통통하게 만들어 줍니다.

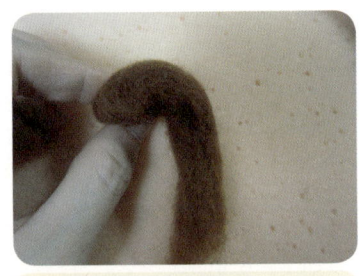

29 만들어진 양모를 꼬리 모양으로 구부려 줍니다.

30 양모를 구부린 상태에서 안쪽부분과 바깥쪽 부분을 바늘로 찔러 모양을 고정해 줍니다.

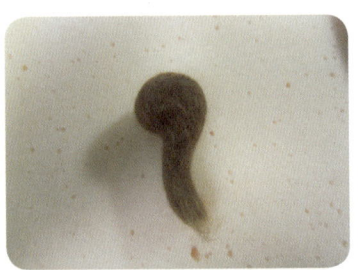

31 바늘로 섬세하게 찌르면서 위는 꼬리가 말린 모습으로 만들어 줍니다.

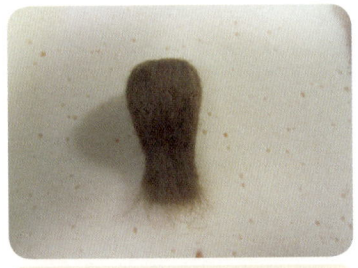

32 아래는 몸통에 연결하기 위해 자연스럽게 풀어진 채로 둡니다.

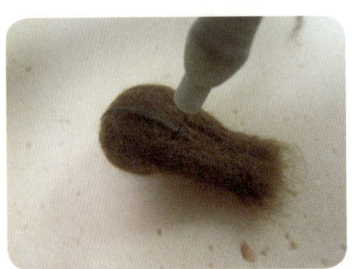

33 밤색 양모를 가늘게 말아 꼬리에 올려놓고 1구 바늘로 찔러 꼬리 줄무늬를 만들어 줍니다.

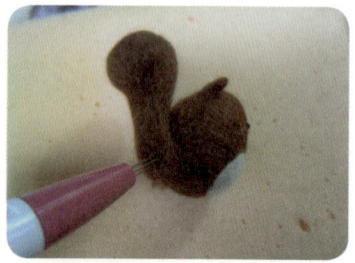

34 꼬리의 풀어진 부분을 다람쥐 엉덩이 부위에 올려놓고 3구 바늘로 찔러서 고정합니다.

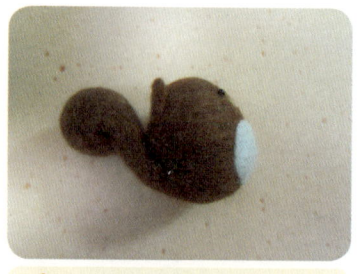

35 다람쥐를 완성합니다.

36 초록색 양모를 조금 떼어 동글납작하게 만듭니다.

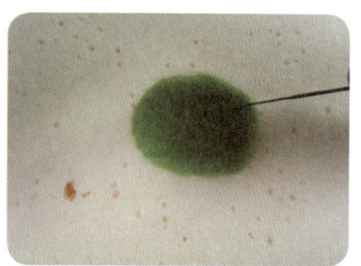

37 단단하게 뭉쳐서 바늘로 꼼꼼하게 찔러 둥글게 만들어 줍니다.

38 스프링 메모꽂이 위쪽에 글루건으로 붙여 줍니다.

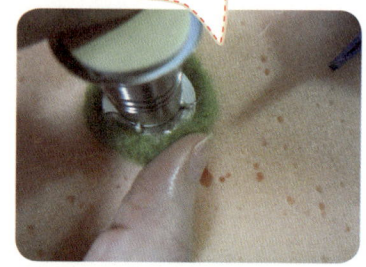

만들어진 다람쥐를 고정판 위에 올려주면 됩니다.

39 다람쥐를 얹을 바닥이 만들어 졌어요. 이 위에 다람쥐를 올려 고정해 줍니다.

[+] 활용 하기

FELT

도토리 뚜껑을 이용한 소품 만들기

① 실제 도토리 뚜껑을 준비합니다.
② 양모볼을 만들어 뚜껑 안쪽에 풀(접착제)을 바른 후 끼워 줍니다.
③ 다람쥐와 함께 두면 더욱 귀여워요.
④ 바구니나 유리볼에 담아만 놓으면 멋진 장식용 소품이 됩니다.

양모소품
05

〝 미니 크리스마스트리 〞

책상이나 창가에 올려두면 겨울 내내 행복을 주는 미니 크리스마스트리예요.
큰 트리가 부담스럽다면 깜찍한 미니 트리를 만들어 보세요.

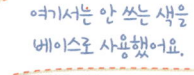

미니 크리스마스 트리

준비물

도안 : 255 페이지

주재료
- 양모 초록색
- 갈색
- 다양한 색 조금씩

부재료
- 펠트지 조금
- 단추 등 꾸밈 재료

확인하기

난이도 : ★☆☆☆☆
예상 재료비 : 3천 원 내외
예상 제작 시간 : 1시간 30분
작품 크기 : 초록 원뿔 세로 약 9cm

여기서는 안 쓰는 색을 베이스로 사용했어요.

1 양모 베이스를 말아 나무 형태로 대강 모양을 만들어 줍니다.

2 베이스 위에 초록색 양모를 돌돌 말아 감싸고 바늘로 찔러 줍니다.

경계가 생기지 않도록 주의하세요.

3 좀 더 넓어야 하는 트리의 아랫부분에 양모를 덧대어 말아 준 후 바늘로 단단하게 찔러 줍니다.

4 나무 아래쪽도 평평하게 만들기 위해 바늘로 찔러 줍니다.

5 3구나 5구 바늘로 전체적으로 모양을 다듬어 줍니다.

6 최종적인 모양은 원뿔 모양이 되도록 만들어 줍니다.

7 색색의 단추들을 자유롭게 붙여서 트리를 장식해 줍니다.

8 구슬 줄을 감아준 후 양모로 작은 볼을 만들어 바늘로 찔러 고정해 줍니다.

9 펠트지를 작게 잘라 열매, 양말 등 크리스마스에 어울리는 장식을 해 줍니다.

10 반짝이는 볼이 달린 시침핀을 꽂아 전구를 표현해 줍니다.

11 작은 종이컵을 잘라 위쪽은 버리고 밑 부분만 준비합니다.

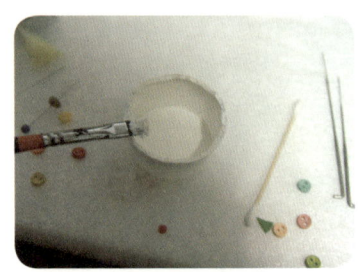

12 종이컵에 무늬나 글씨가 있다면 흰색 아크릴 물감을 칠해 가려 주세요.

13 나무젓가락을 잘라 겹친 후 갈색 펠트지로 말아 글루건으로 고정해 줍니다.

14 종이컵 바닥에 구멍을 뚫어 나무젓가락을 끼우고 글루건으로 고정합니다.

15 젓가락 주위의 빈 공간에 갈색 양모를 채워 넣은 후 젓가락 위에 크리스마스트리를 올려 완성합니다.

양모소품 06

노란 새 양모 볼 모빌

새, 집, 나무, 구름과 함께 동화같이 부드럽고 포근한 느낌의 모빌이에요. 알록달록 양모 볼과 어우러져 더욱 따뜻하고 사랑스러워요. 간단한 작업만으로도 완성할 수 있는 양모 모빌을 만들어 보세요.

노란 새 양모 볼 모빌

준비물

도안 : 256 페이지
주재료
- ☐ 양모 연노란 색
- ☐ 갈색   ☐ 흰색
- ☐ 초록색
- ☐ 그 외 다양한 색

부재료
- ☐ 실   ☐ 대바늘
- ☐ 원형 리스 틀

확인하기

난이도 : ★★☆☆☆
예상 재료비 : 5천 원 내외
예상 제작 시간 : 3시간 30분
작품 크기 : 새 머리털 제외
세로 약 5cm, 양모 볼 지름 약 3.5cm

새 만들기

① 양모 베이스를 돌돌 말아 바늘로 찔러 둥글게 뭉쳐 줍니다.

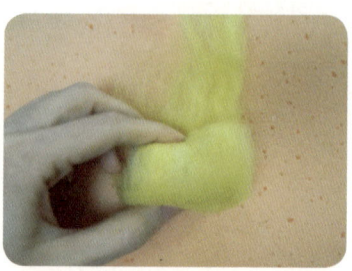

② 베이스 위에 노란색 양모를 감아 줍니다.

③ 바늘로 찔러 고정해 줍니다.

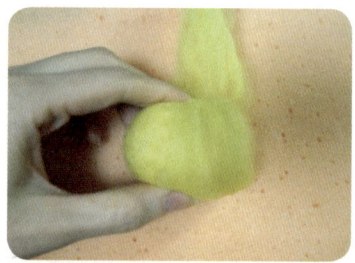

④ 좀 더 통통해야 하는 새 몸통의 아랫부분에 양모를 덧대어 말아 줍니다.

⑤ 말려진 양모를 바늘로 찔러 고정합니다.

경계가 생기지 않도록 꼼꼼하게 찔러 주세요.

⑥ 5구 바늘을 이용하여 전체적으로 모양을 다듬어 주면서 찔러 줍니다.

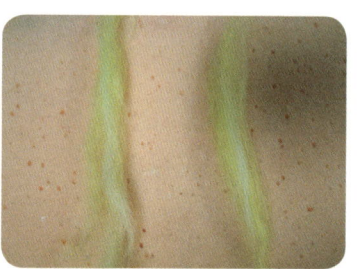

⑦ 날개를 만들 노란색 양모를 조금 떼어 두 가닥을 준비합니다.

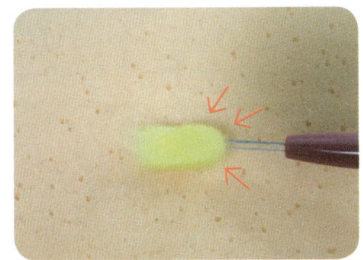
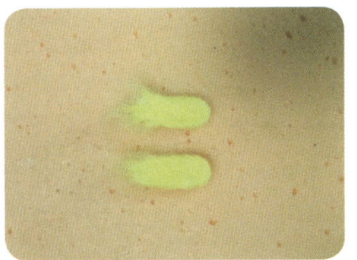

8 양모를 돌돌 말아 위, 옆을 바늘로 찔러 뭉쳐 주면서 한쪽 옆은 동그랗게 다듬어 줍니다.

9 몸에 연결할 부분은 풀어진 상태로 둡니다.

10 5구 바늘로 좀 더 찔러서 단단한 날개를 만들고 같은 방법으로 반대쪽 날개를 하나 더 만듭니다.

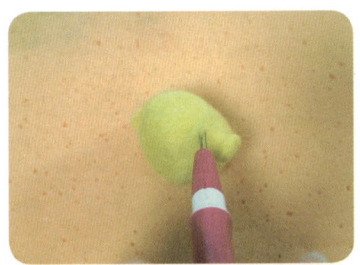

11 날개의 풀어진 부분을 바늘로 찔러 몸통에 고정해 줍니다.

12 날개를 바깥쪽으로 둥글게 말아 바늘로 찔러 줍니다. 살짝 말린 날개가 당장이라도 날갯짓을 할 듯이 생동감 있어요.

13 이제 기화성 펜으로 새의 얼굴을 그려줍니다.

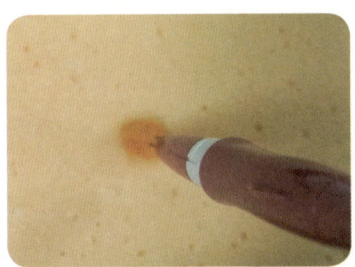

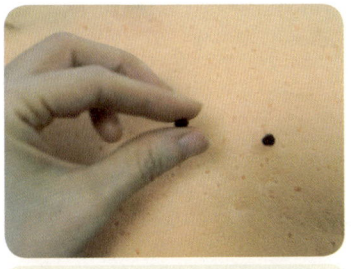

14 부리가 될 주황색 양모를 조금 떼어 바늘로 뭉쳐줍니다. 부리 모양으로 약간 길쭉하게 뭉쳐주세요.

15 1구 바늘로 모양을 다듬으면서 몸통에 찔러 넣어 입을 고정해 줍니다.

16 갈색 양모를 눈이 될 만큼 아주 조금 떼어 손가락으로 비벼서 동그랗게 만들어 줍니다.

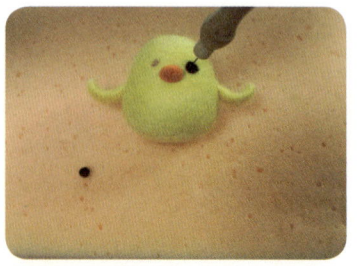

17 눈 위치에 만들어 둔 갈색 양모 볼을 찔러 고정해 줍니다. 가장자리를 섬세하게 찔러서 모양을 다듬어 주세요.

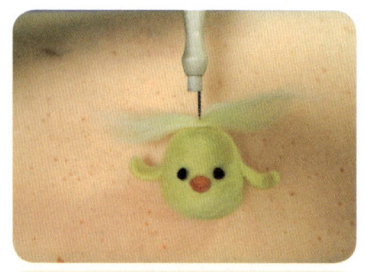

18 노란색 양모를 조금 떼 내어 그 중간을 새 정수리에 바늘로 찔러 줍니다.

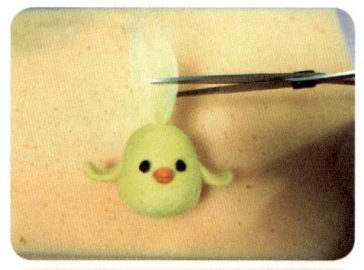

19 머리 위의 양모를 모두 모아 세운 후 가위로 적당 길이만큼만 남기고 잘라 줍니다. 그리고 자연스럽게 펼쳐 주세요.

20 머리와 같은 방법으로 새의 엉덩이 쪽에 꼬리도 만들어 노란 새를 완성합니다.

집 만들기

1 양모 베이스를 돌돌 말아 줍니다.

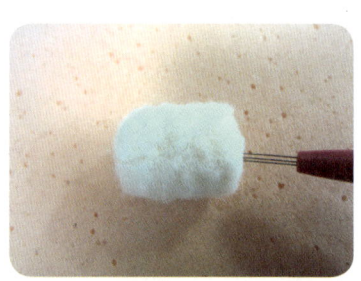

2 바늘로 찔러서 원통형을 만들어 줍니다.

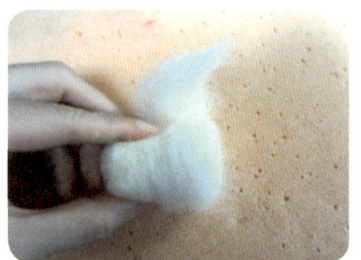

3 원통형 베이스 바깥쪽에 흰색 양모를 감아 줍니다.

4 5구 바늘로 골고루 찌르며 깔끔한 원통 모양으로 만들어 줍니다.

5 골고루 꼼꼼하게 찔러 줘야 사진처럼 매끈한 원통이 나올 수 있어요.

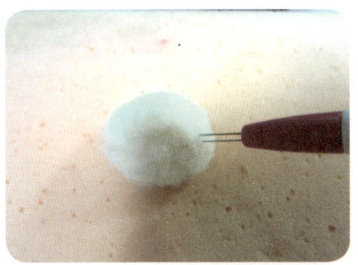

6 양모 베이스로 원뿔 모양을 만듭니다. 고깔의 아래쪽 지름은 너무 크지 않아도 됩니다.

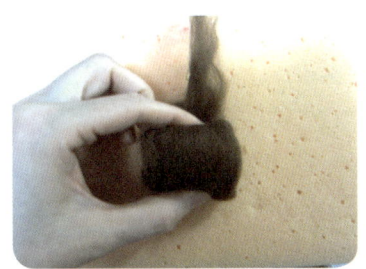

7 밤색 양모를 원뿔 베이스 위에 감아 줍니다.

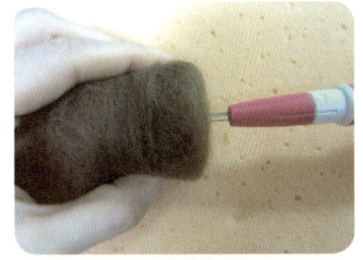

8 아래쪽을 3구 바늘로 찔러 평평하게 만들어 줍니다.

9 옆쪽은 빙 둘러 찔러서 원뿔 형태로 만들어 줍니다.

10 지붕과 연결할 부분은 풀어진 형태 그대로 놔둡니다.

원하는 사이즈와 거의 같거나 약간 작으면 됩니다.

11 다시 한번 골고루 찔러 주며 원뿔 모양이 되도록 다듬어 줍니다. 사이즈가 적당한지 흰색 원기둥에 수시로 올려 보며 가늠해 주세요.

12 밤색 양모를 계단식으로 곱게 겹쳐놓고 5구 바늘로 살짝 찔러 줍니다.

13 만들어 놓은 원통 위에 원뿔을 덮어 줍니다.

14 그 위를 바늘로 찔러 고정해 줍니다.

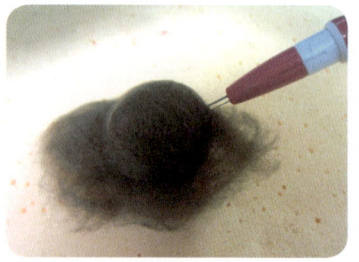

15 덮어 준 양모의 가장자리를 원뿔의 바닥에 찔러 고정해 줍니다.

16 꼼꼼하게 골고루 찔러 가며 모양을 다듬어 줍니다.

17 원뿔 모양이 되도록 여러 방향에서 확인하면서 찔러주세요.

18 원통의 풀어진 부분을 지붕의 아래쪽에 바늘로 찔러 줍니다.

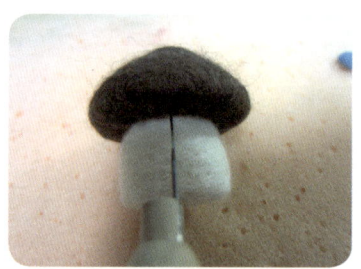

19 1구 바늘로 섬세하고 꼼꼼하게 찔러서 연결부위를 깔끔하게 정리해 줍니다.

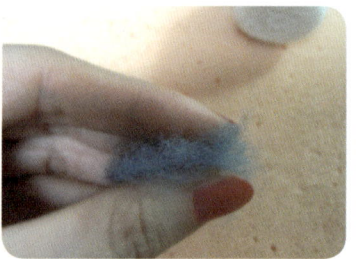

20 집의 문이 될 파란색 양모를 조금 떼어 손가락으로 비벼서 적당히 뭉쳐 줍니다.

21 1구 바늘이나 3구 바늘로 찔러서 조금 더 단단하게 뭉쳐 줍니다.

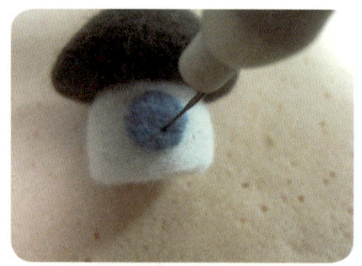

22 집의 앞쪽에 뭉쳐 둔 파란 양모를 올려놓고 1구 바늘로 찔러서 고정해 줍니다.

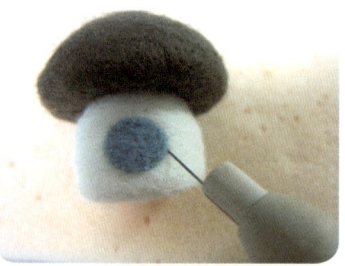

23 1구 바늘로 파란 문의 테두리를 섬세하게 찔러 주면서 경계가 깔끔해지도록 다듬어 줍니다.

나무 만들기

1 녹색 양모를 돌돌 말아 3구 바늘로 찔러 줍니다.

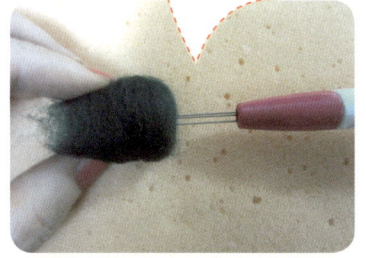

평평한 쪽이 나무의 아래쪽이 될 거예요.

2 한쪽 끝을 바늘로 찔러 평평하게 만들어 줍니다.

3 반대쪽 끝은 좀 더 깊숙이 찔러 뾰족하게 만들어 줍니다.

4 전체적으로 꼼꼼하게 찔러서 더 단단한 원뿔 모양이 되도록 다듬어 줍니다.

5 갈색 양모를 조금 말아서 1구 바늘로 찔러 뭉쳐 줍니다.

6 나무의 기둥이 되는 부분이므로 조금 더 단단해 지도록 꼼꼼하게 찔러 줍니다.

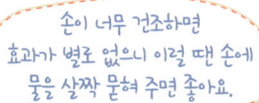

손이 너무 건조하면 효과가 별로 없으니 이럴 땐 손에 물을 살짝 묻혀 주면 좋아요.

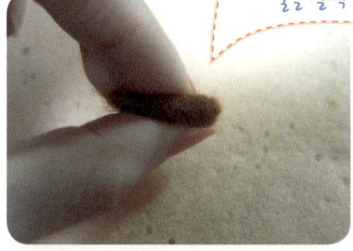

7 손가락으로 돌돌 굴려 주면 표면에 나풀거리는 양모들이 정리됩니다.

8 한쪽 끝을 1구 바늘로 찔러 뭉뚝하게 만들어 줍니다. 나무의 바닥 부분이 될 거예요.

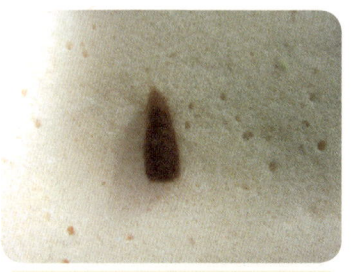

9 나무의 머리와 연결할 반대쪽은 약간 풀어진 채로 놔둡니다.

구름 만들기

10 원뿔 아래쪽 가운데에 갈색 양모 기둥을 찔러서 고정해 줍니다. 미니 나무가 완성되었어요.

1 흰색 양모를 접어서 네모 모양으로 만든 후 바늘로 찔러 줍니다.

2 바늘로 옆쪽을 찔러 주면서 둥근 모양을 만들어 갑니다.

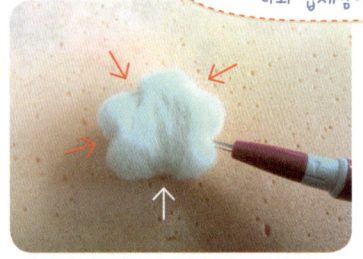

중심 쪽보다는 가장자리 쪽을 조금 더 찔러 줘야 살짝 볼록한 모양이 나와 입체감이 있어요.

3 3구 바늘로 옆면의 군데군데 깊게 찔러 넣어 뭉게구름의 모양을 잡아갑니다.

4 5구 바늘로 윗면을 찔러서 좀 더 단단하게 만들어 줍니다.

5 5구 바늘로 앞면에서 옆면으로 넘어가는 부분까지 섬세하게 찔러 구름 모양을 다듬어 줍니다.

그 외 장식에 달아 줄 양모 볼은 양모 볼 목걸이 부분을 참고해서 만들어 주세요.

6 뒷면도 같은 방법으로 정리해 줍니다.

연결하기

1 양모 볼과 새, 나무 등 연결해 줄 양모 작품을 준비합니다. 순서는 자유롭게 해도 좋아요.

2 대바늘과 이불용 굵은실을 준비합니다.

3 매듭을 지어 인형 중심부를 통과해 주세요.

4 밑에서 본 모습이에요. 중심부분을 통과시켜 주면 됩니다.

5 준비한 양모 작품의 중심부를 순서대로 통과해서 차례차례 연결해 줍니다.

6 실 끝을 모빌에 감아서 고정하여 마무리 합니다.

양모소품 **07**

　❝ 부엉이 가족 ❞

커다란 눈과 큰 머리가 서로 닮은 부엉이 가족입니다.
머리에 고리를 달아 키 링이나 가방 장식 등으로 사용해도 잘 어울려요.

준비물

도안 : 257 페이지

주재료
- ☐ 양모 밤색   ☐ 흰색
- ☐ 노란색   ☐ 갈색
- ☐ 베이지 색 ☐ 파란색(모자)

부재료 ☐ 화살눈

확인하기

난이도 : ★☆☆☆☆
예상 재료비 : 1천 5백원 내외
예상 제작 시간 : 40분
작품 크기 : 세로 약 6cm

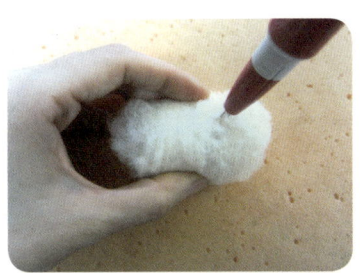

1 양모 베이스를 바늘로 찔러서 뭉쳐줍니다.

2 베이스 겉에 밤색 양모를 돌돌 말아 3구 바늘로 찔러 줍니다.

3 바늘을 계속 찔러 한쪽을 둥근 형태로 만듭니다.

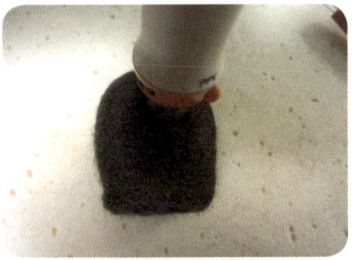

4 둥근 형태가 만들어졌으면 5구 바늘로 찌르며 부엉이의 몸통 모양을 잡아 줍니다.

양쪽 균형을 맞춰서 잘 다듬어 주세요.

5 몸통의 위에서 2/3 정도 되는 부분의 옆면을 찔러 줍니다. 얼굴보다 몸이 조금 더 날씬한 형태의 부엉이를 만들기 위해서예요.

일정한 힘으로 찔러야 평평해질 수 있어요.

6 부엉이의 아랫부분은 3구 바늘로 골고루 찔러 평평하게 만들어 줍니다.

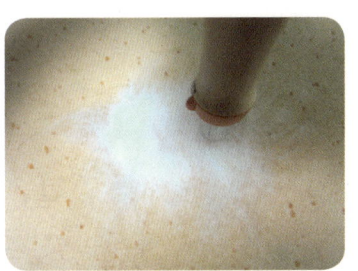

7 이제 눈 부분을 만들 거예요. 흰색 양모를 층층이 겹쳐놓고 5구 바늘로 찔러 뭉쳐 줍니다.

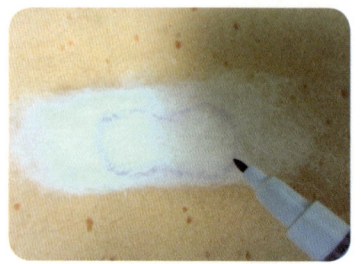

8 기화성 펜으로 눈 모양을 그려 줍니다.

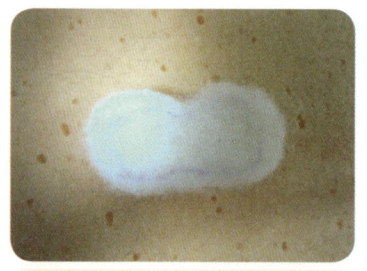

9 3mm 정도 바깥쪽 여유를 남기고 오려 줍니다.

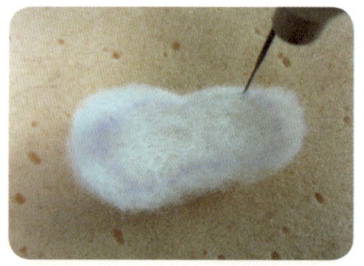

10 여유분을 펜 선에 맞추어 뒤쪽으로 접어서 1구 바늘을 이용하여 모양을 만듭니다.

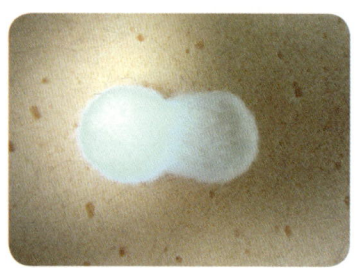

11 꼼꼼하게 찔러 테두리를 정리해 줍니다.

12 눈 부위를 얼굴에 올리고 바늘로 찔러 고정해 줍니다.

13 테두리는 1구 바늘로 눕혀서 비비고 찌르면서 깔끔하게 정리해 줍니다.

14 부엉이의 배 부분이 될 베이지색 양모를 배 모양으로 접어 한쪽이 둥근 형태가 되도록 다듬어 줍니다.

15 몸통 위에 올려놓고 바늘로 찔러 고정합니다.

16 테두리는 1구 바늘로 섬세하게 찔러가며 정리해 줍니다.

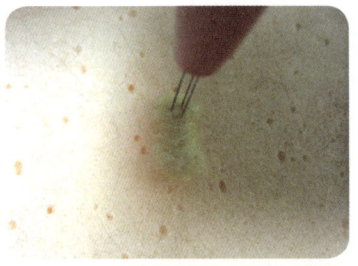

17 노란색 양모를 말아서 길쭉한 형태를 만들고 양쪽은 둥글게 다듬어 줍니다.

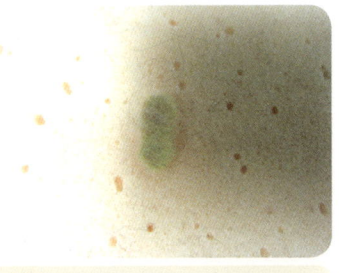

18 이렇게 만들어진 것을 이용하여 부엉이의 부리를 만들게 될거에요.

19 부리를 얼굴 중심부에 올린 후 1구 바늘로 직선을 그리며 가운데를 찔러 고정해 줍니다.

갈색 실로 스티치를 해도 좋아요.

20 갈색 양모를 가늘게 떼어 손가락으로 비벼 준 후 부엉이 배에 찔러 세로선을 만들어 줍니다.

21 송곳으로 눈이 되는 위치를 찔러 구멍을 만들어 줍니다.

22 화살눈에 목공용 풀을 발라 구멍에 넣어 눈을 붙여 줍니다.

23 반대쪽 눈도 같은 방법으로 붙여 줍니다.

24 부엉이의 베레모를 만들어 볼게요. 파란색 양모를 조금 떼어 말아 주세요.

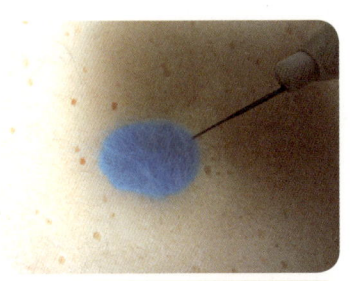

25 바늘로 찔러서 동그랗게 만듭니다.

26 같은 파란색 양모를 아주 조금 떼어 바늘로 찔러 줍니다.

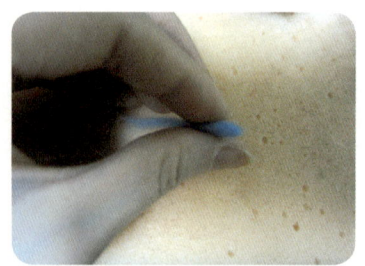

27 손가락으로 비벼서 길게 만들어 줍니다.

28 모자 위에 꼭지를 올리고 1구 바늘로 몇 번 찔러서 고정해 줍니다.

29 모자를 부엉이의 머리 위에 얹고 바늘로 찔러 고정해 줍니다.

30 예쁜 베레모를 쓴 부엉이가 완성되었습니다.

양모소품
08

동물친구 틴분 핀 쿠션

바느질할 때 필수인 핀 쿠션. 보통의 밋밋한 핀 쿠션을 대신할 깜찍한 동물친구 핀 쿠션이에요.
바느질하는 재미를 한층 업 시켜주는 아이템입니다.

동물친구 토분 핀 쿠션

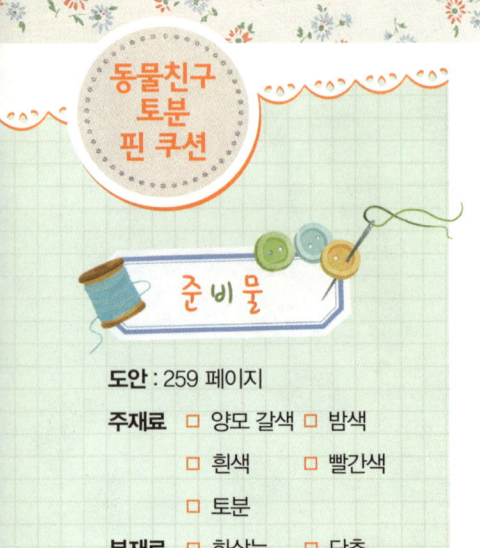

준비물

- 도안 : 259 페이지
- 주재료
  - ☐ 양모 갈색 ☐ 밤색
  - ☐ 흰색   ☐ 빨간색
  - ☐ 토분
- 부재료
  - ☐ 화살눈   ☐ 단추
  - ☐ 다용도 풀 ☐ 레이스

확인하기

- 난이도 : ★★☆☆☆
- 예상 재료비 : 2천 5백원 내외
- 예상 제작 시간 : 1시간
- 작품 크기 : 세로 약 8cm

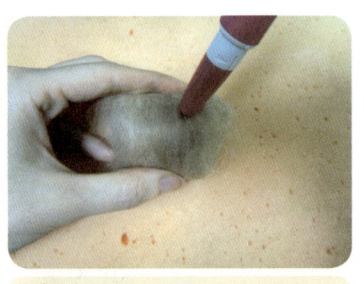

1 너구리 머리가 될 적당량의 갈색 양모를 돌돌 말아 3구 바늘로 찔러 줍니다.

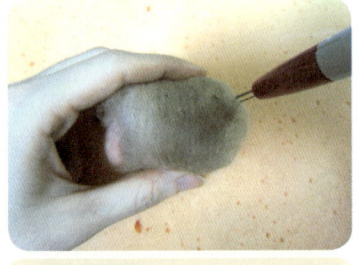

2 계속 찌르면서 둥근 모양으로 만들어 줍니다.

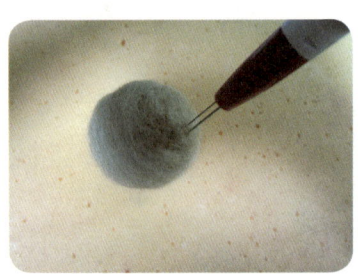

3 3구 바늘로 골고루 찔러 둥근 형태를 만들어 줍니다.

4 5구 바늘로 표면을 매끈하게 정리해 줍니다.

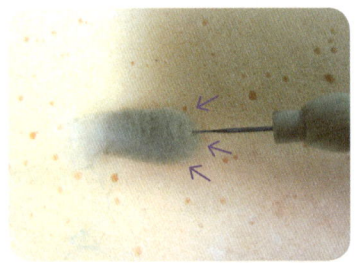

5 귀가 될 양모 조금을 납작한 형태로 말아서 한쪽 모서리를 찔러 길쭉한 반달 모양으로 만들어 줍니다. 몸통과 연결할 반대쪽은 풀어진 채로 둡니다.

6 같은 방법으로 나머지 귀도 만들어 주세요.

7 머리의 귀 위치에 만들어 둔 귀의 풀어진 부분을 찔러서 고정해 줍니다.

8 귀의 앞뒤 부분을 모두 1구 바늘로 찔러서 머리와 고정해 줍니다.

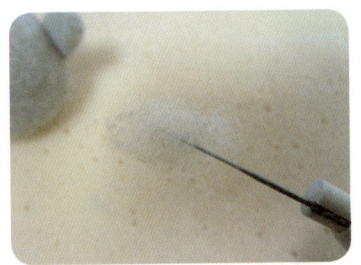

9 만약 머리와 귀의 연결 부위가 부자연스러우면 양모를 조금 떼어 손으로 살짝 비벼 줍니다.

10 연결 부위에 올려놓고 바늘로 찔러줍니다. 한결 자연스러워 보여요.

11 반대쪽 귀도 같은 방법으로 머리에 고정해 줍니다.

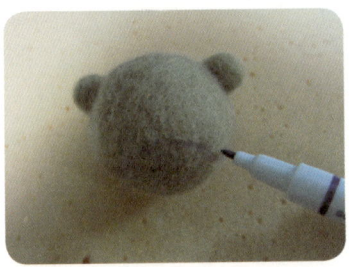

12 기화성 펜으로 너구리의 얼굴에 눈 얼룩 모양을 그려 줍니다.

13 눈 부분을 만들 밤색 양모를 층층이 겹쳐놓고 5구 바늘로 찔러 펠트화시켜 줍니다.

꼭 넉넉한 사이즈로 오려야 해요.

14 펠트화시킨 밤색 양모를 얼굴에 그린 눈 얼룩보다 3mm 정도 더 크게 오려 줍니다.

15 얼굴에 바늘로 찔러서 고정해 줍니다.

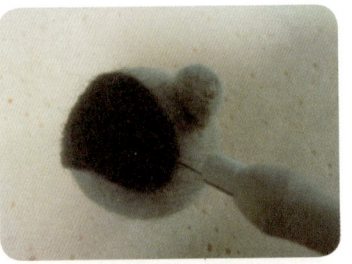

16 삐져나온 가장자리는 살짝 안쪽으로 접어 넣어 1구 바늘로 섬세하게 찌르면서 펜 선에 맞춰 정리해 줍니다.

17 전체적으로 다시 찌르면서 눈 얼룩이 얼굴에 잘 밀착되도록 다듬어 줍니다.

18 흰색 양모를 작게 돌돌 말아 5구 바늘로 찔러서 구 형태로 만들어 줍니다. 코 부분이 될 거예요.

19 코 부분을 얼굴 중심부에 올려놓고 1구 바늘로 찔러서 고정해 줍니다.

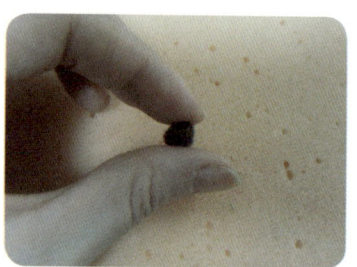

20 코가 될 밤색 양모를 아주 작게 뜯어 손으로 비벼서 동그랗게 만들어 줍니다.

21 흰 양모 중심에 코를 자리 잡아 바늘로 찔러 고정해 줍니다.

22 눈이 될 흰색 양모를 조금 떼어 손가락으로 비벼서 납작하게 뭉쳐줍니다.

23 눈 위치에 찔러 고정해 줍니다.

24 테두리는 1구 바늘로 선을 깔끔하게 정리해 줍니다.

25 송곳으로 눈동자 위치를 찔러 구멍을 만들어 줍니다.

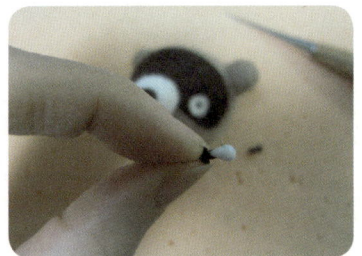

26 화살눈에 목공용 풀을 발라 줍니다.

27 뚫어 둔 구멍에 넣어 줍니다.

28 반대쪽 눈동자도 같은 방법으로 붙여 줍니다.

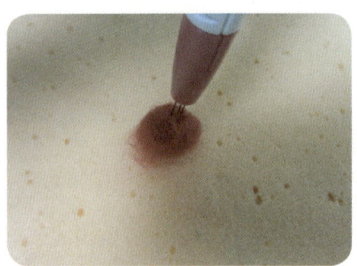

29 너구리 머리 위에 있는 귀여운 사과를 만들어 보겠습니다. 빨간색 양모를 말아 동그랗게 만들어 줍니다.

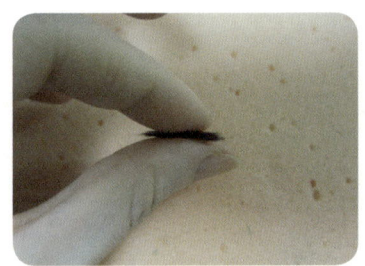

30 밤색 양모를 조금 떼어 손가락으로 비벼서 사과 꼭지 모양으로 만들어 줍니다.

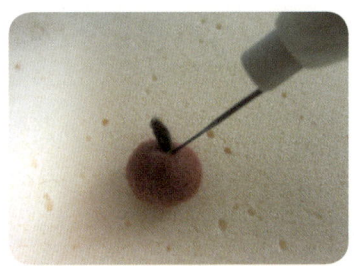

31 사과 위에 꼭지를 놓고 1구 바늘로 몇 번 찔러서 고정해 줍니다.

32 사과 아래쪽에 다용도 풀을 발라 너구리 머리 위에 붙여 깜찍한 너구리 핀 쿠션을 완성합니다.

33 토분을 단추와 레이스 등으로 예쁘게 꾸며 줍니다.

34 토분 위에 완성한 너구리를 고정해 줍니다. 이때 고정은 글루건을 사용하세요.

양모소품 **09**

사과모자 소녀

빨간색 사과모자와 멜빵 치마가 깜찍한 양모 인형이에요.
능숙해지면 강아지 인형도 만들어서 강아지와 산책 나가는 소녀를 만들어 보세요.

사과모자 소녀

준비물

도안 : 257 페이지

주재료 ☐ 양모 흰색 ☐ 살(구)색
☐ 밤색 ☐ 갈색
☐ 빨간색 ☐ 노란색

부재료 ☐ 화살눈 ☐ 조각 원단

확인하기

난이도 : ★★☆☆☆
예상 재료비 : 2천 5백원 내외
예상 제작 시간 : 3시간
작품 크기 : 세로 약 11cm

1 양모 베이스를 바늘로 찔러 구 형태로 만들어 줍니다.

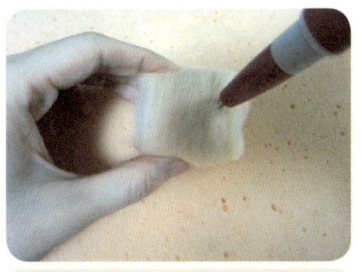

2 베이스 위에 살색 양모를 돌돌 말아 3구 바늘로 찔러 주며 양쪽을 둥근 형태로 만들어 줍니다.

3 3구 바늘로 골고루 찔러 둥근 형태로 만들어 줍니다.

4 5구 바늘로 표면을 매끈하게 정리해 줍니다.

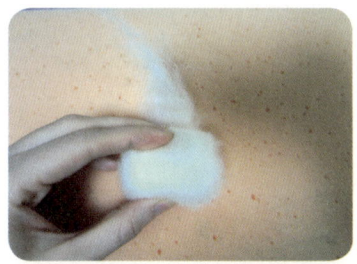

5 소녀의 몸통이 될 양모 베이스를 준비하고, 베이스 겉을 흰색 양모로 돌돌 만 후 바늘로 찔러 몸의 형태를 만들어 줍니다.

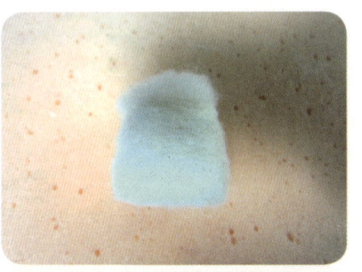

6 몸은 아래로 갈수록 살짝 퍼지는 모양으로 잡고, 얼굴과 연결할 목 부분은 양모가 풀어진 상태로 둡니다.

7 얼굴에 몸의 풀어진 연결 부분을 찔러서 고정해 줍니다. 바늘을 깊숙이 찔러 주어야 튼튼하게 고정이 돼요.

빨간 양모는 몸통을 한 바퀴 감싸고 조금 남을 정도로 가로로 길게 잘라 주세요. 세로 길이도 원래 생각하는 치마 길이보다 약간 길어야 밑면까지 감쌀 수 있어요.

8 연결 부분을 자연스럽게 해 주기 위해서 흰색 양모를 길게 조금 떼어낸 후 5구 바늘로 살짝 찔러 줍니다.

9 목 연결 부위에 올려놓고 바늘로 찔러줍니다. 경계가 부드럽고 자연스러워져요.

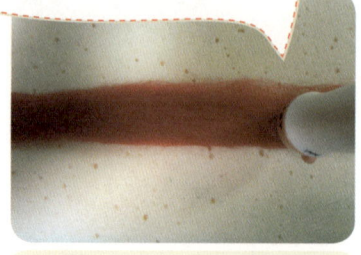

10 빨간색 양모를 길게 떼 내어 5구 바늘로 펠트화시켜 줍니다.

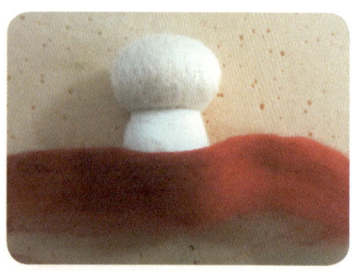

11 빨간 양모로 소녀의 몸통을 감싸 줍니다.

12 몸통을 감싼 후 3구 바늘로 찔러서 고정해 줍니다.

13 몸통 아래까지 빨간 양모로 감싸서 바늘로 찔러 고정한 후 모양을 정리해 줍니다.

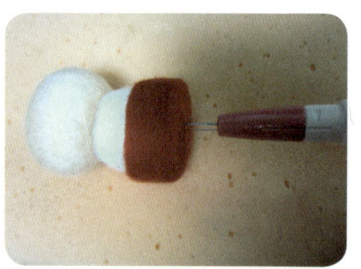

14 깨끗하게 마무리 해주세요.

15 치마의 허리 부분을 1구 바늘로 섬세하게 찔러서 깔끔하게 정리합니다.

16 소녀의 팔과 다리를 달아 주겠습니다. 살색 양모를 돌돌 말아 한쪽을 찔러 주면서 둥글게 다듬어 줍니다.

팔, 다리같이 쌍으로 있어야 하는 경우 처음 양모를 떼어 낼 때부터 비슷한 양으로 두 개씩 떼어서 만들기 시작하세요. 한 개 다 만들고 다음 양모를 준비하면 비슷한 양으로 맞추기 더 힘들어요.

이때 손이 너무 건조하면 별로 효과가 없으니 살짝 물이 묻은 상태로 비벼 주세요.

17 몸통과 연결할 한쪽은 풀어진 채로 두세요.

18 같은 방식으로 하나 더 만들어 한 쌍을 완성합니다.

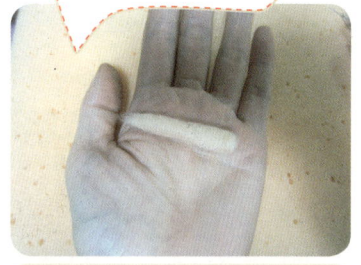

19 중간 중간 손바닥에 놓고 양손으로 비벼주면 표면에 나풀거리는 양모가 잘 정리됩니다.

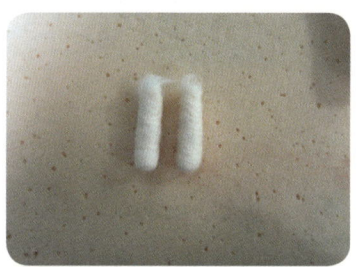

20 같은 방법으로 팔보다 약간 굵게 다리도 한 쌍 만듭니다.

21 다리 아래쪽에 흰색 양모 띠를 조금 말아 줍니다.

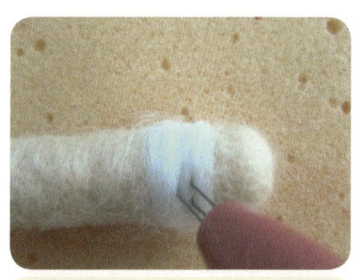

22 바늘로 찔러 양말을 표현합니다.

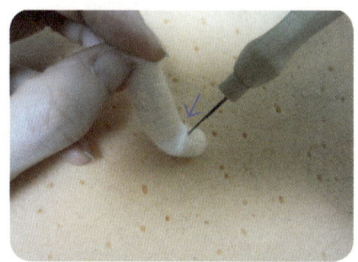

23 양말 아래쪽 선을 따라 1구 바늘로 찔러서 약간 구부러지게 합니다. 발이 되는 부분이에요.

24 밤색 양모를 준비해 주세요.

25 구부러진 발을 감싼 후 바늘로 찔러서 정리해 주세요.

26 이렇게 만들어진 부분은 신발이 됩니다.

27 팔 부분을 몸통에 대고 위치에 맞게 바늘로 깊게 여러 차례 찔러 고정해 줍니다.

28 다리 부분도 몸통에 대고 팔처럼 바늘로 여러 차례 깊게 찔러 고정해줍니다.

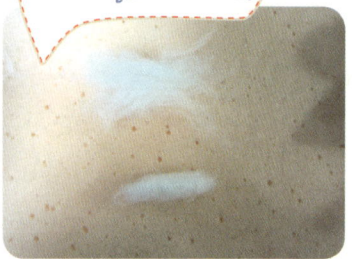

소녀 어깨의 소매를 표현하기 위해 풍성한 느낌으로 사용할 거니까 바늘로 찌르지 마세요.

29 흰색 양모를 조금 떼어 돌돌 말아 줍니다.

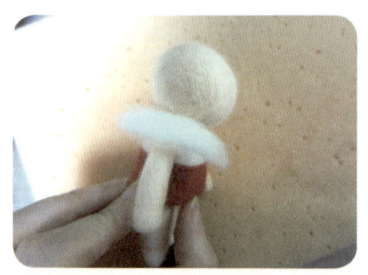

30 말아준 양모를 어깨에 올려 팔과 몸 경계를 감싸 줍니다.

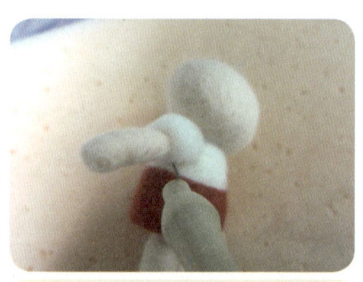

31 겨드랑이에서 그 끝을 바늘로 찔러 고정해 줍니다.

32 소매의 앞쪽도 바늘로 살짝 찔러서 자연스럽게 몸과 연결되도록 합니다.

표현하고 싶은 앞머리 스타일에 따라 세로, 가로 길이를 조절해 주세요. 약간의 변형으로도 분위기가 많이 달라져요.

33 갈색 양모를 길게 돌돌 말아 이마 부분에 바늘로 찔러 고정해 줍니다.

34 원하는 머리 길이를 감안해서 갈색 양모를 길게 떼어내어 바늘로 찔러 줍니다.

너무 많이 찌르면 머리카락이 얼굴에 딱 달라붙어서 예쁘지 않아요. 살짝만 찔러 주거나 거의 안 찔러 줘도 됩니다.

35 갈색 양모를 머리 위에 올려 놓고 가르마 부분을 바늘로 찔러 고정해 줍니다.

36 한쪽 양모를 잡아 볼쯤에서 모아주고 전체적으로 살짝만 바늘로 찔러줍니다.

37 양쪽 머리를 볼 옆에서 실로 묶어 준 후 적당한 길이로 잘라 줍니다.

38 양모의 잘린 부분을 바늘로 찔러 뭉쳐주어 마무리합니다. 끝 부분만 뭉쳐야 풍성한 갈래 머리가 표현 됩니다.

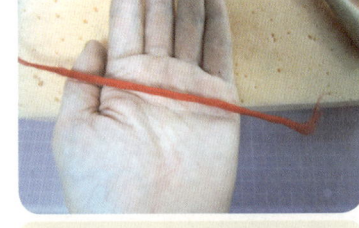

39 빨간 양모를 길게 떼어 손바닥에 놓고 양 손바닥으로 비벼 끈으로 만들어 줍니다.

40 어깨에 끈을 올려 1구 바늘로 찔러서 멜빵을 표현해 줍니다. 양쪽 어깨에 붙여 주세요.

41 조각 원단을 주머니 모양으로 오려 다용도 풀을 붙여 줍니다.

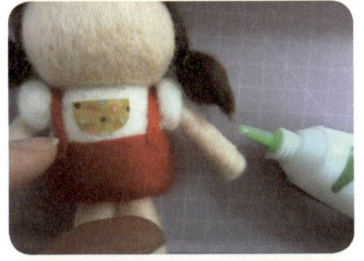
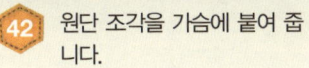

42 원단 조각을 가슴에 붙여 줍니다.

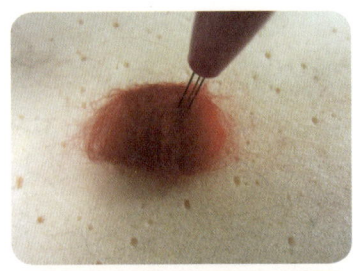
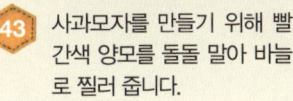

43 사과모자를 만들기 위해 빨간색 양모를 돌돌 말아 바늘로 찔러 줍니다.

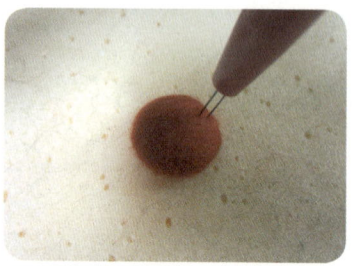

44 동그란 형태로 만들어 줍니다.

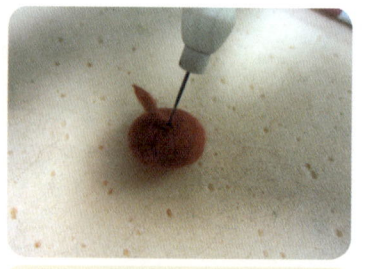

45 손가락으로 비벼서 사과 꼭지를 만든 후 모자에 1구 바늘로 찔러서 고정합니다.

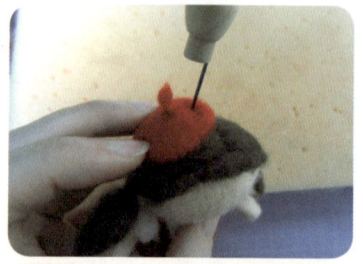

46 완성된 모자를 머리 위에 비스듬히 올려놓고 1구 바늘로 깊숙이 여러 차례 찔러서 고정해 줍니다.

47 기화성 펜으로 얼굴에 눈과 입을 그려 줍니다.

48 송곳으로 눈 위치를 찔러 구멍을 만들어 줍니다.

49 화살눈에 목공용 풀을 발라 구멍에 넣어 붙여 줍니다.

50 입을 바느질하기 위해 뒤통수의 머리카락 안쪽에서 빨간 실의 매듭을 시작해 찔러 줍니다.

51 실의 매듭이 입 끝으로 나오게 합니다.

52 반대쪽 입 끝으로 실을 통과해서 뒤통수로 나가게 하고, 걸린 실은 조금 헐렁하게 해서 반원 모양으로 만들어 줍니다.

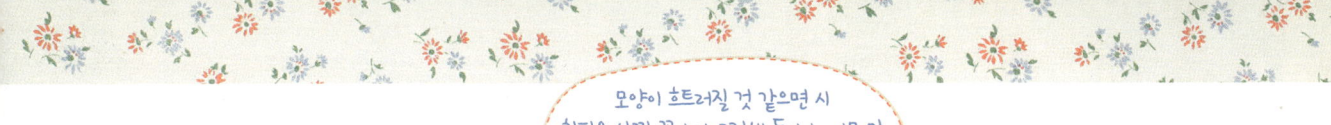

> 모양이 흐트러질 것 같으면 시침핀을 살짝 꽂아서 고정해 둡니다. 너무 많은 양의 풀이 묻은 경우 마르기 전에 면봉으로 살짝 닦아내세요.

53 다용도 풀을 발라 실을 양모에 고정해 줍니다.

54 고정할 때는 U자 모양으로 잘 만들어서 웃는 입을 만들어 주세요.

55 뒤통수에서 머리카락 안으로 매듭을 감춰서 마무리 합니다.

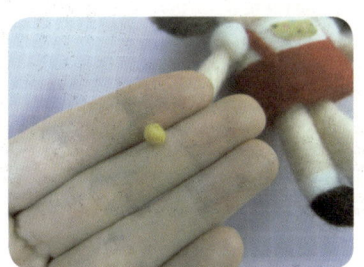

56 노란 양모를 조금 떼어서 손가락으로 굴려 볼을 만들어 줍니다.

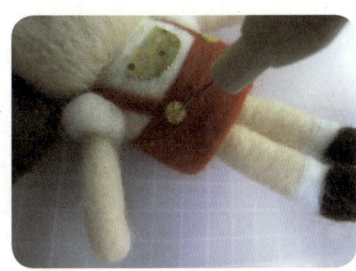

57 치마와 끈이 겹치는 부분에 바늘로 찔러 고정해 줍니다. 깜찍한 단추가 되었어요.

58 양모를 손가락으로 아주 가늘게 말아 눈썹을 표현해 줍니다.

59 핑크색 양모를 아주 조금 떼어 볼에 찔러서 발그레한 표정의 귀여운 소녀를 완성합니다.

양모소품 10

"새둥지 머핀 장식"

생크림 위에 새가 살포시 앉아 있는 독특한 머핀이에요.
파티나 이벤트 때 인테리어 장식으로 이용하면 분위기를 한층 업 시켜줄 수 있답니다.

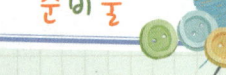

새둥지 머핀 장식

머핀 만들기

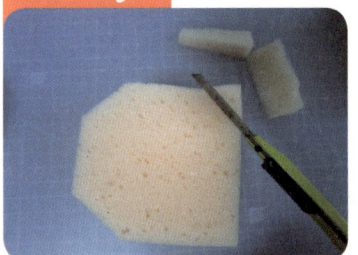

1 스펀지의 외곽 귀퉁이를 적당량 잘라 줍니다.

2 자른 스펀지로 수플레 컵 안을 채워 줍니다.

준비물

도안 : 255 페이지

주재료
- 양모 핑크색
- 노란색
- 흰색
- 초록색
- 보라색
- 연두색

부재료
- 수플레 컵
- 스펀지
- 리본
- 갈색실

확인하기

난이도 : ★★☆☆☆
예상 재료비 : 5천 원 내외
예상 제작 시간 : 2시간 30분
작품 크기 : 컵 포함 세로 약 12cm

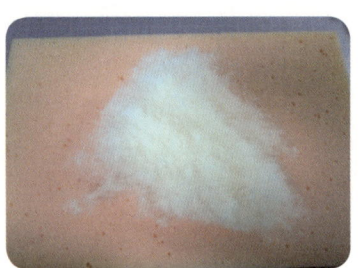

3 머핀이 될 양모 베이스를 말아 줍니다.

4 바늘로 찔러 둥글게 뭉쳐 줍니다.

겉면 양모까지 씌웠을 때 컵 안쪽이 안 보이게 가려지는 정도로 크기를 맞춰 주세요.

5 베이스를 컵 위에 올려서 크기가 적당한지 가늠해 봅니다.

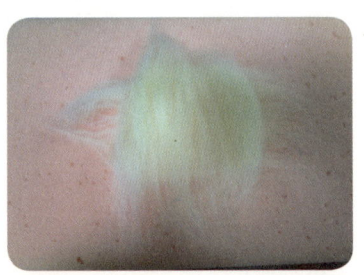

6 노란색 양모를 차곡차곡 계단식으로 도톰하게 겹쳐 줍니다.

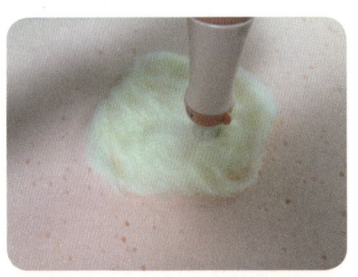

7 5구 바늘로 찔러 동그랗게 말아 주세요.

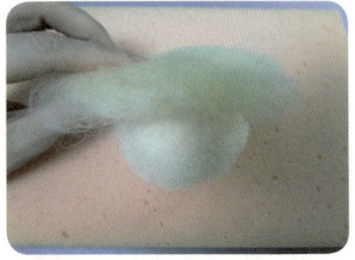

⑧ 준비한 노란색 양모를 베이스 위에 씌워 줍니다.

⑨ 바늘로 찔러 양모를 고정해 줍니다.

⑩ 5구 바늘을 이용해서 전체적으로 찐빵 모양으로 다듬으며 찔러 줍니다.

> 이때 양손에 물을 묻혀 양모 표면을 쓰다듬으면서 비틀어 주면 나풀리는 양모들을 함께 정리할 수 있어요.

⑪ 흰색 양모 뭉치를 길다란 상태 그대로 준비합니다.

⑫ 양손으로 잡고 꽈배기처럼 비틀어 줍니다.

⑬ 비틀어 준 양모의 시작점을 빵 모양 위에 1구 바늘로 찔러 고정시켜 주세요.

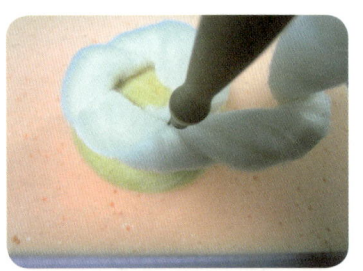

⑭ 고정한 후 원을 그리듯이 따리를 틀며 군데군데 찔러 줍니다.

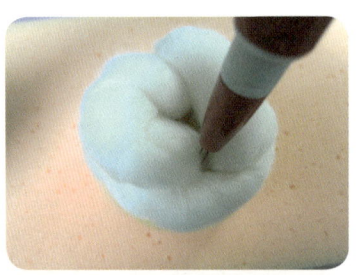

⑮ 다 올린 흰색 양모 끝 부분은 빵 부분에 찔러 안 보이게 마무리해 줍니다.

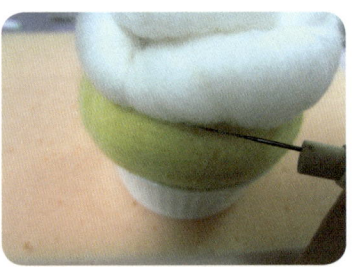

⑯ 빵 위에 흰색 양모가 밀착이 잘되도록 만나는 연결 부분 양모를 조금 찔러서 고정해 줍니다. 생크림이 올라간 달콤한 머핀이 완성되었어요.

새 만들기

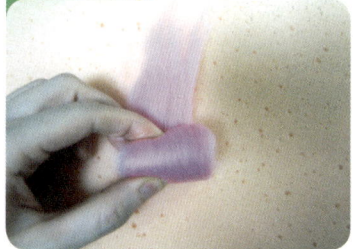

1 핑크색 양모를 돌돌 말아 바늘로 찔러 줍니다.

2 새의 몸통이 될 부분이에요.

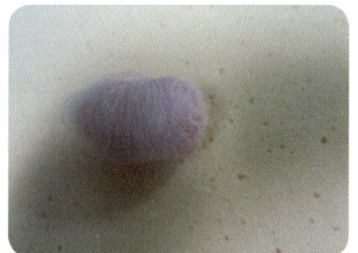

3 한 쪽을 바늘로 찔러서 둥그런 형태로 만들어 줍니다. 새의 얼굴 부분이 됩니다.

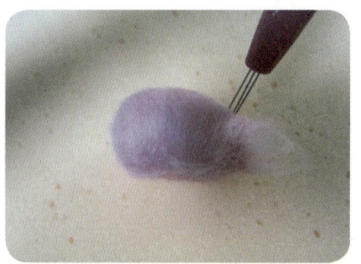

4 반대쪽의 살짝 풀어지는 양모는 바늘로 찔러 주세요.

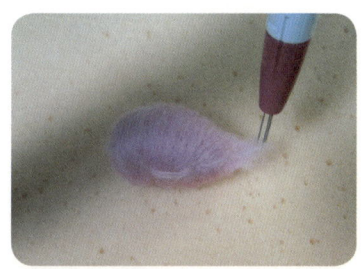

5 만들어진 모양이 뾰족하게 해주세요.

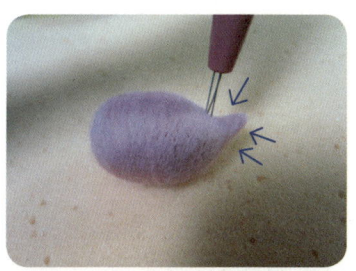

6 3구 바늘로 찌르며 좀 더 단단하게 다져 주면서 1구 바늘로 섬세하게 모양을 정리해 살짝 위로 올라간 모양의 새 꼬리를 만들어 줍니다.

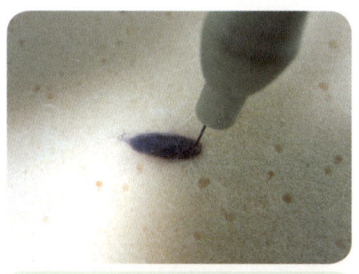

7 보라색 양모를 조금 떼어 손가락으로 돌돌 말은 후 1구 바늘로 찔러서 조금 긴 형태로 만들어 부리가 되도록 합니다.

8 새의 얼굴 중앙에 1구 바늘로 찔러 부리를 고정해 줍니다.

9 부리의 모양을 옆에서 본 모습이에요.

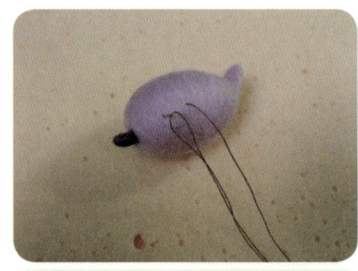
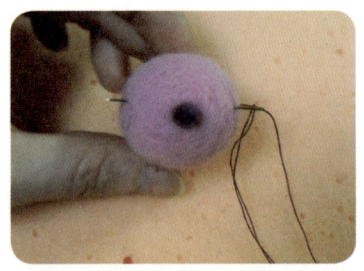

10 기화성 펜으로 눈을 그려 준 후 갈색 실을 배 중앙(가려질 부분)에서 매듭을 시작해 눈 끝으로 나옵니다.

11 반대쪽 눈 끝으로 실을 통과해서 반대쪽 눈으로 나오게 합니다.

12 실이 통과된 모습이에요.

> 다용도 풀이 다 마를 때까지 만지지 말고 기다리세요. 모양이 흐트러질 것 같으면 시침 핀을 살짝 꽂아서 고정해 두어도 좋아요.

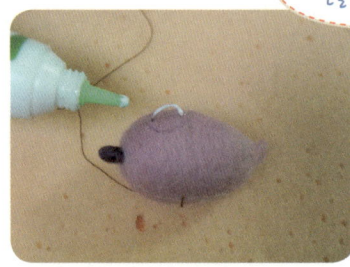

13 걸쳐있는 실을 조금 헐렁하게 해서 잡습니다. 새침하게 눈을 감은 새를 표현하기 위해 실을 U자가 되도록 모양을 잡아 주세요.

14 실 아래쪽에 다용도 풀을 발라 양모에 고정해 줍니다.

15 반대쪽도 같은 방법으로 눈을 만들어 준 후 다시 배 중앙으로 바늘을 빼서 매듭지어 새를 마무리 합니다.

나뭇잎 만들고 마무리하기

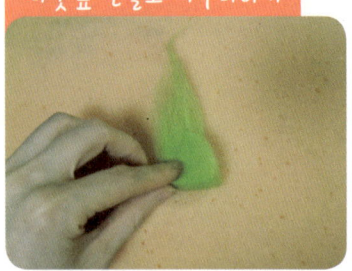

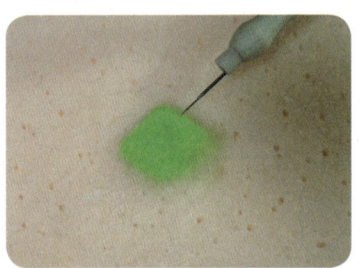

1 연두색 양모를 정사각형 모양으로 접어줍니다.

2 5구 바늘로 찔러서 뭉쳐 줍니다.

3 정사각형을 틀어서 마름모꼴로 만들어 줍니다.

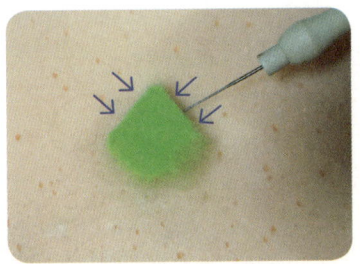

④ 위쪽을 찔러 가운데를 뾰족하게 만들어 줍니다.

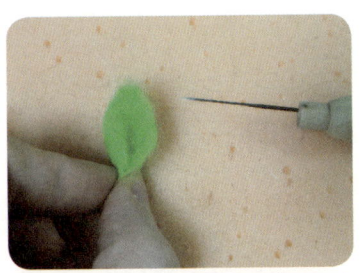

⑤ 마름모꼴 양모를 세로로 반 접어 입체적인 나뭇잎 모양으로 만들어 줍니다.

⑥ 나뭇잎의 아래쪽을 1구 바늘로 찔러 고정합니다.

⑦ 예쁜 나뭇잎 모양이 되었어요.

⑧ 녹색, 진녹색 등 조금씩 다른 색으로 나뭇잎을 여러 개 만들어 줍니다.

⑨ 머핀 크림 위에 나뭇잎을 올리고 1구 바늘이나 접착제를 이용해 고정해 줍니다.

⑩ 새의 아랫배에 글루건을 발라 머핀 크림 위에 고정해 줍니다.

⑪ 수플레 컵의 테두리에 글루건을 발라 완성된 머핀을 올리고 고정해 줍니다.

⑫ 컵에 리본을 두르면서 잘 꾸며 마무리합니다. 핀 쿠션, 테이블 장식 등에 다양하게 활용하세요.

홍이와 팡이

요 아이들의 이름은 홍이와 팡이랍니다. 엄청 큰 요 아이들을 만드느라 조금 힘들었지만 완성하고나니 뿌듯하고 제가 안아도 포근하니 참 좋답니다.

[홍팡 컨트리]

둘러보면 도움되는 이웃 블로거 ❹

"은정이"의 라온 핸드메이드 공작소

- **블로그 주소** : http://blog.naver.com/soonlie75
- **제작 카테고리** : 컨트리 인형, 프랑스 자수, 톨 페인팅, 퀼트, 팬시우드
- **특징** : 손바느질과 꼼지락 핸드메이드 작품들로 이루어진 블로그

은정이는 어릴 적부터 손으로 꼼지락거리며 무언가를 만드는 것을 좋아했다. 그러면서 접하게 된 퀼트와 컨트리 인형에 빠져서 공방까지 다니며 배우기 시작한 인형 만들기. 그녀의 블로그를 보면 컨트리 인형, 프랑스 자수, 톨 페인팅, 퀼트, 팬시우드 등 다양한 작품 활동을 엿볼 수 있다. 특히, 예전에 즐겨 하던 십자수 실을 이용하여 새로운 작품으로 창작한 프랑스 자수를 만나보자.

알콩이와 달콩이, 별명은 얼큰이 커플이에요.

이 아이들은 호동이와 나나라고 하는 강호동님을 연상해서 만든 아이라고 합니다.
[홍팡 컨트리]

그녀의 작품은 대부분 앙증맞고 안아 주고 싶은 인형들이다. 보면 볼수록 갖고 싶어지는 컨트리 인형과 공예 작품들을 다양하게 볼 수 있는 곳이 바로 은정이의 '라온 핸드메이드 공작소'이다. 특정한 한 분야만이 아닌 여러 분야를 다루는 블로그에서는 한 땀 한 땀 손바느질로 만든 그녀의 정성을 엿볼 수 있으며, 끝임 없이 노력하며 발전하는 은정이의 모습은 방문자들에게 도전에 대한 용기를 북돋워 준다. 지금 당장 방문하여 그녀의 작품과 이야기를 공유해 보면 어떨까?

인물과 동물 및 사물을 캐릭터화 해서 우드로 만든 제품
[애플컨트리 팬시우드]

빨간망토 소녀
[홍팡 컨트리]

빨강머리앤의 뒷모습
[행복한 자수여행 2]

강아지 커플

4개의 다리를 단추로 연결하여 다양한 움직임 놀이를 할 수 있는 인형입니다.

[북유럽 스웨덴 자수]를 보고 수놓아 보았답니다.

블루마린 토트백 바다로 달려가고 싶은 시원한 블루 색상의 토트백

손안에 쏘옥 들어오는 포근한 동전지갑
레드단추 레이스 동전지갑

둘러보면 도움되는 이웃 블로거 ❺

전문적으로 펠트를 다루는 "짜아앙" 공작소

* **블로그 주소** : http://blog.naver.com/papasbaby
* **제작 카테고리** : 펠트, 양모 펠트, 니들 펠트, 손뜨개, 대바늘, 인형 소품
* **특징** : 양모를 이용하여 인형이나 소품 잡화를 만드는 블로그

'짜아앙 공작소'는 펠트 전문 블로그이다. 주로 양모 펠트로 생활 잡화(가방, 모자, 머플러 등)나 인형, 소품들을 작업하고 있으며 대바늘 뜨개인형에 양모 펠트를 접목하여 작업한 색다른 인형 작품들을 볼 수 있다. 그녀의 작품은 웅진 출판사 『사랑스런 양모 펠트 DIY』와 터닝 포인트 출판사 『친절한 니들 펠트 DIY』에 다수 수록되어 있다. 많은 분들이 양모 펠트의 매력을 느낄 수 있도록 전시회와 플리 마켓 등의 참여로 양모 작품을 소개하고 있다.

그녀의 블로그(짜아앙 공작소)를 방문하면 양모 펠트(물 펠트, 니들 펠트, 누노 펠트)의 여러 기법으로 만들어진 작품들을 두루 볼 수 있으며 작업 과정의 팁들도 알 수가 있다. 또한 대바늘 뜨개 인형에 양모 펠트를 접목하여 만든 개성 있고 독특한 그녀만의 인형 작품들도 구경할 수 있다.

나들 펠트로 만든 북유럽풍 주전자

양모로 만든 파우치

캐서린st 북유럽풍 주전자

니들 펠트로 만든 밀림의 왕 사자

소녀들

대바늘 뜨개 인형에 양모를 접목하여 만든 인형들

발렌타인 더블하트 케익

귀염둥이 레드 아울

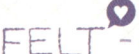

양모 펠트란?

대자연이 준 선물 양털(wool)에 열과 습기와 마찰이 가해지면 양털 하나를 둘러싼 수만 개의 비늘(scale)이 열렸다가 닫히면서 서로 엉겨 붙으며 펠트화된 직물이 된다. 이런 원리로 본인이 원하는 다양한 형태의 장식품이나 생활용품 등을 만드는 공예가 바로 양모 펠트이다.

만드는 방법에 따라 물 펠트, 니들 펠트, 누노 펠트 등으로 나뉜다. 물 펠트는 양털에 비눗물과 마찰을 이용하여 직물을 만드는 방법이고, 니들 펠트는 양모 펠트 전용 바늘로 양털을 뭉쳐 바늘로 찔러가며 모양을 만들어가는 방법이다. 누노 펠트는 실크나 쉬폰 등의 직물과 양털을 이용하여 새로운 느낌의 직물을 만들어 내는 방법이다.

관악구 신사동에 위치한 그녀의 작업실에서는 펠트에 관한 수업도 진행하고 있으며, 그녀의 작업실을 방문하면 아기자기한 작품들을 직접 눈으로 볼 수 있다.

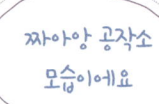

짜아앙 공작소 모습이에요

작업 엿보기

니들 펠트로 귀여운 핫도그 만들기

양모를 이용하여 동물모양의 깜찍한 핫도그를 만들어 보아요!

1 재료를 준비합니다.

2 니들 펠트용 5구 바늘을 이용하여 연한 황토색 양모를 골고루 찔러 핫도그 몸통을 만들어 줍니다.

3 겉면을 1구 바늘로 핫도그 모양이 되도록 잘 다듬어 줍니다.

4 황토색 양모를 이용하여 귀 모양 2개를 만들어 줍니다.

5 만들어진 귀를 몸통에 1구 바늘로 찔러 달아줍니다.

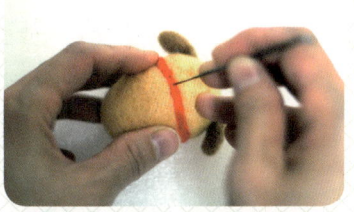

6 빨간색 양모로 케찹모양을 만들어 줍니다.

7 고동색 양모로 코를 만들어 줍니다.

8 송곳으로 눈이 달릴 위치에 구멍을 낸후 인형눈에 목공본드를 발라 구멍에 끼워줍니다.

9 분홍색 양모로 눈밑에 볼터치를 해줍니다.

10 고동색 양모로 코밑에 입모양을 만들어 줍니다.

11 송곳으로 핫바 스틱이 들어갈 자리에 구멍을 내어 줍니다.

12 핫바 스틱에 목공본드를 발라 구멍낸 부분에 끼워주면 완성!

원단을 바느질해서 뒤집고 솜을 넣고 얼굴을 꾸며주어 완성하는 핸드메이드 인형. 한 땀한 땀 바느질로 마음가는 대로 만들다 보면 그 과정에서 좋은 에너지가 생겨나 마음이 편안해집니다.
간단히 만들 수 있는 원바디 인형부터 나만의 색을 더 표현할 수 있는 컨트리 인형까지 쉽고 재미있는 인형을 만들어볼 거예요.
바느질을 못해 삐뚤해도 괜찮고 눈이 짝짝이어도, 머리가 헝클어져도 좋아요. 내 손에서 세상에 단 하나뿐인 인형이 만들어지는 즐거움을 느껴보세요.

Part 03
원단을 이용한 동물과 사람 인형 만들기

동물·기타
인형
01

겨울 친구 눈사람 인형

포근한 원단으로 따뜻한 느낌의 눈사람에 목도리로 포인트를 준 깜찍한 인형이에요.
동그란 눈 뭉치를 만들어 눈사람 머리에 올려 주면 한층 더 귀엽답니다.

겨울 친구 눈사람 인형

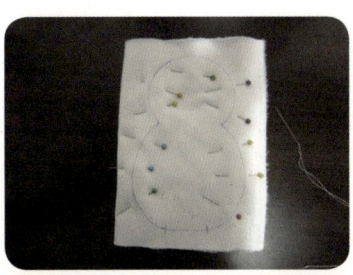

1. 원단 안쪽 면에 눈사람 모양 도안을 그린 후 겉면끼리 마주보도록 시침핀으로 고정해 줍니다.

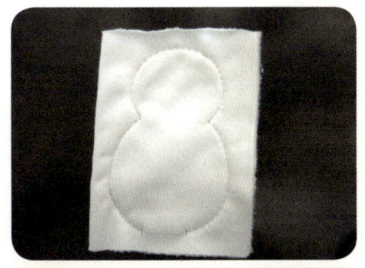

2. 창구멍을 제외하고 도안을 따라 촘촘하게 홈질해 줍니다.

준비물

- **도안** : 260 페이지
- **주재료** ☐ 신축성 좋은 흰색 원단 (폴라폴리스, 타올지, 기모원단 등 이용)
- **부재료** ☐ 비즈 구슬 ☐ 솜
  ☐ 꾸미기용 조각 원단과 단추 등
- **실** ☐ 흰색 실

3. 홈질 선 바깥으로 0.7cm 정도 여유를 두고 천을 오려 줍니다.

4. 여유분으로 남긴 천을 일정한 간격으로 가위집을 내 주세요.

확인하기

- **난이도** : ★☆☆☆☆
- **예상 재료비** : 3천 원
- **예상 제작 시간** : 1시간
- **작품 크기** : 모자 제외하고 약 11cm

신축성이 좋은 원단은 솜을 넣으면 넣는 대로 모양이 잡혀요. 솜을 바깥쪽으로 밀어 넣으면 바느질 라인이 매끈해집니다.

5. 창구멍을 통해 천을 뒤집어 줍니다. 군데군데 찌그러지지 않도록 바깥쪽은 잘 뒤집어 주세요.

6. 창구멍으로 솜을 넣어 주세요. 뒤집을 때 다 펴지 못한 부분을 솜으로 꼼꼼히 채워 펴 줍니다.

7. 창구멍을 공그르기로 막아 줍니다. 매듭이 삐져나오거나 눈사람이 찌그러지지 않도록 유의해서 잘 막아 주세요.

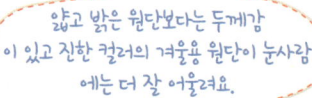
얇고 밝은 원단보다는 두께감이 있고 진한 컬러의 겨울용 원단이 눈사람에는 더 잘 어울려요.

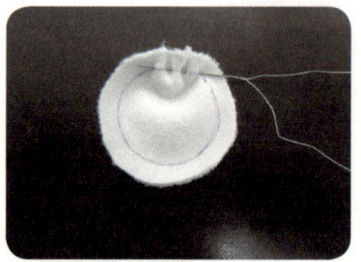

8 검정색 비즈 구슬로 눈사람의 눈을 달아주고 입은 웃는 모양으로 수를 놓아 주세요.

9 조각 원단을 길게 잘라 반으로 접어서 목도리를 연출해 줍니다.

10 눈사람과 같은 원단에 지름 3cm의 원을 그려 준 후 0.7cm 가량의 시접을 남기고 오려 줍니다.

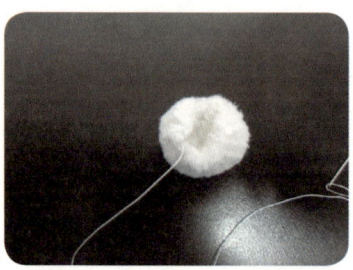
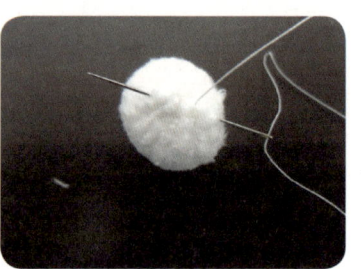

11 원을 따라 홈질해 준 후 실을 잡아당겨서 주머니처럼 오므려 줍니다.

12 오므린 입구에 솜을 넣어 줍니다. 눈뭉치처럼 동그란 모양이 되도록 솜을 잘 채워 주세요.

13 실을 잡아당겨 입구를 막고 매듭이 잘 숨겨지도록 꿰매고 눈뭉치의 매듭 부분이 아래로 오도록 눈사람의 머리에 비스듬히 꿰매 주세요.

[+] 활용 하기

아이가 홈질과 솜 넣기 등을 함께 하고 목도리와 모자 같은 장식을 꾸밀 수 있게 해주면 말할 수 없는 성취감을 느낄 거예요. 엄마와 아이가 함께 만든 눈사람 인형으로 겨울을 행복하게 보내세요.

FELT

동물·기타
인형
02

포그니 토끼 인형

폴라폴리스로 만든 포근하고 따뜻한 느낌의 토끼 인형이에요.
원피스까지 입히는 데에 전혀 복잡하지 않아 뚝딱 만들 수 있는 깜찍한 토끼 인형이랍니다.

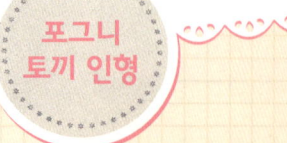

포그니 토끼 인형

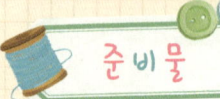

- **도안** : 261 페이지
- **주재료** ☐ 폴라폴리스 흰색
  ☐ 빨강
- **부재료** ☐ 솜 ☐ 단추
  ☐ 조각 원단 등
- **실** ☐ 흰색 실 ☐ 빨간색 실

확인하기

- **난이도** : ★☆☆☆☆
- **예상 재료비** : 3천 원
- **예상 제작 시간** : 1시간 30분
- **작품 크기** : 귀 포함 약 20cm

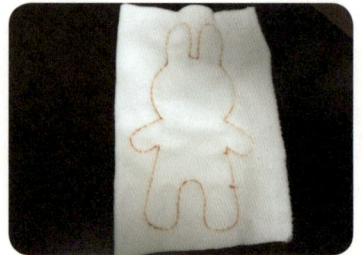

1 원단 안쪽에 토끼 모양 도안을 그린 후 겉면끼리 마주보게 고정해 준 후 홈질합니다. 이때 창구멍은 남겨 주세요.

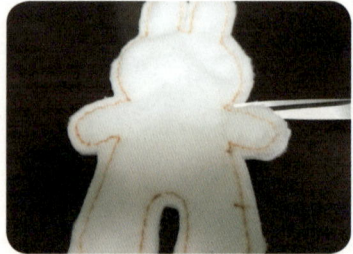

2 홈질이 끝나면 0.7cm 정도 여유를 두고 오린 후 시접에 일정한 간격으로 가위집을 내 줍니다.

토끼 귀 부분에는 솜을 넣지 않아도 자연스러워요. 솜을 채우면 더 힘 있고 쫑긋한 귀를 표현할 수 있습니다.

3 창구멍을 천을 통해 뒤집은 후 솜을 골고루 넣어 줍니다. 귀 부분이 얇아 완전히 뒤집어지지 않을 수 있으니 주의하세요.

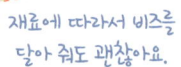

재료에 따라서 비즈를 달아 줘도 괜찮아요.

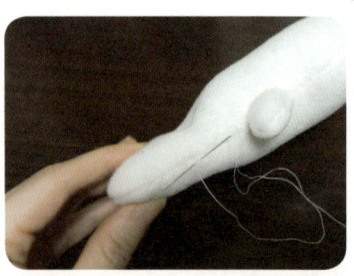

4 창구멍을 공그르기로 마무리해 줍니다. 보드랍고 귀여운 토끼 형태가 완성됐어요.

5 눈 위치에 검정색 작은 단추를 달아 토끼의 눈을 표현해 줍니다.

6 입의 위치에 빨간색 실로 웃는 토끼의 입을 수놓아 주세요.

7 이제 토끼의 원피스를 만들어 주겠습니다. 원피스 모양대로 빨간 폴라폴리스를 재단한 후 겉면이 마주보도록 두 장을 겹쳐서 시접을 남기고 홈질해 줍니다.

8 홈질한 원피스를 뒤집은 후 조각 원단 등으로 원피스를 깜찍하게 꾸며 입혀줍니다.

9 준비되는 재료에 따라서 리본이나 모양 단추 등으로 토끼를 예쁘게 꾸며 주세요.

[+] 활용 하기

간단하게 망토로 연출해주기

바느질할 필요 없이 원단을 길게 오리고 글루건으로 리본을 붙여서 묶어 주세요. 예쁜 망토가 간단하게 완성돼요. 흰색 폼폼이를 붙여서 꼬리를 표현해주면 깜찍함이 업 됩니다.

동물·기타 인형 03

"달콤한 쿠키 인형"

인형 만들기의 기본을 익힐 수 있는 쿠키 인형이에요.
취향이나 재료에 따라 조금씩 다르게 꾸며 개성 있는 쿠키 인형을 만들어 보세요.

달콤한 쿠키 인형

1 원단 안쪽에 도안에 맞추어 쿠키 인형을 그려줍니다.

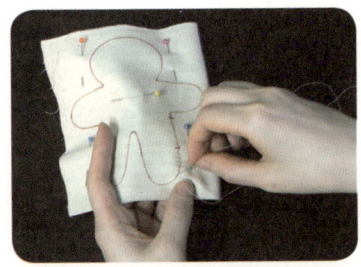

2 겉면끼리 마주보게 고정해 줍니다.

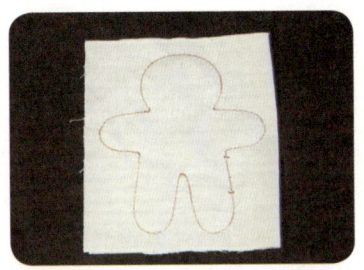

3 창구멍을 제외하고 홈질해 줍니다.

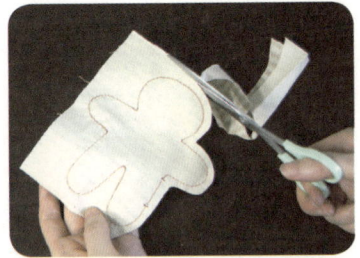

4 0.7cm 정도 여유를 두고 오려 줍니다.

준비물

도안 : 261 페이지
주재료 □ 베이지 색 원단
부재료 □ 조각 원단 □ 솜
       □ 아크릴 물감
       □ 커피   □ 물
실   □ 흰색 실

확인하기

난이도 : ★☆☆☆☆
예상 재료비 : 3천 원
예상 제작 시간 : 1시간 30분
작품 크기 : 약 12cm

가위집을 제대로 내지 않으면 뒤집어서 솜을 넣었을 때 바느질 선이 울퉁불퉁해져요. 곡선 부위에 일정한 간격으로 촘촘히 가위집을 내 주고 꺾인 부분은 더 신경 써서 내야 해요. 단, 바느질 선과 너무 가까우면 바느질 선이 잘릴 수도 있으니 주의하세요.

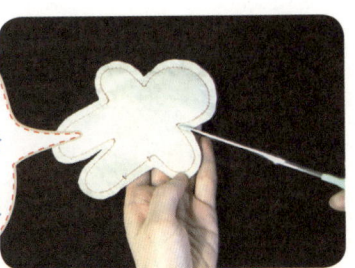

5 시접에 일정한 간격으로 가위집을 내 줍니다.

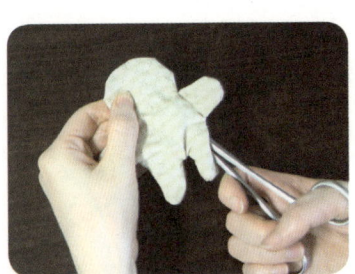

6 창구멍을 통해 인형을 뒤집어서 솜을 채워 줍니다.

⑦ 창구멍을 공그르기로 마무리 해 줍니다.

⑧ 인스턴트 커피와 물을 약 1 : 4 비율로 섞어서 붓을 이용해 쿠키 인형의 앞쪽부터 발라 줍니다.

커피 물의 농도는 원하는 색에 따라 조절하세요. 너무 연하면 커피 물이 다 마른 후에 한 번 덧발라 주세요. 마르기 전에 덧바르면 얼룩이져요.

한나절 정도 빨랫줄에 널어 말리면 좋아요. 빨리 말리고 싶을 때는 드라이기를 이용하세요. 솜에 스며든 커피 물까지 뽀송뽀송하게 말려야 합니다.

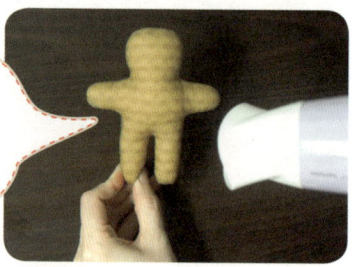

⑨ 염색된 커피 물을 잘 말려 줍니다.

⑩ 조각 원단을 10cm×5cm 크기로 오려 줍니다.

⑪ 오려진 원단의 상단을 0.5cm 접습니다.

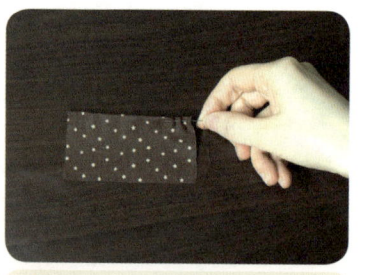

⑫ 접은 부분을 홈질한 후 매듭 짓기 전에 실을 잡아당겨 줍니다.

⑬ 위쪽에 주름이 생기도록 만들어주면 앞치마가 완성됩니다.

14 앞치마를 쿠키 인형의 배에 꿰매어 고정해 줍니다.

15 조각 원단을 4cm×2cm 준비한 후 가운데를 홈질해 줍니다.

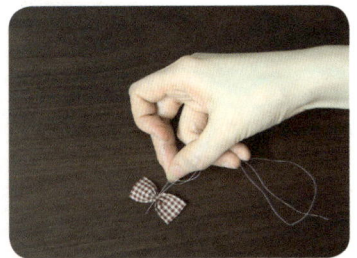

16 매듭짓기 전에 실을 잡아당겨 가운데를 주름지게 한 후 매듭지어 줍니다.

> 그리면 눈이나 입의 위치를 옮길 수 없으니 처음에는 시침핀으로 위치를 잡아 보세요. 원하는 얼굴 모양대로 자유롭게 이동할 수 있어서 편해요.

17 리본을 인형 머리에 꿰매거나 글루건을 이용하여 고정해 줍니다.

18 머리 리본이 고정된 인형이에요.

19 기화성 펜이나 샤프로 쿠키 인형의 얼굴을 그려 줍니다.

20 펜으로 얼굴을 그려서 완성합니다.

21 흰색 펜이나 아크릴 물감으로 눈동자를 찍어 주면 훨씬 생동감이 있어요.

22 아크릴 물감이나 펜으로 인형 구석구석을 꾸며 주면 더욱 개성 있는 쿠키 인형이 완성됩니다.

동물·기타 인형 04

대롱대롱 땅콩 인형

끈을 이용해서 팔다리를 만들어 보기에 더욱 재미있는 땅콩 인형이에요.
끈 끼워 박기로 간단하게 땅콩 모양 인형을 완성할 수 있어요.

대롱대롱 땅콩 인형

준비물

도안 : 262 페이지

주재료	☐ 광목	☐ 면 끈
부재료	☐ 털실	☐ 조각 원단
	☐ 솜	☐ 커피 물
실	☐ 흰색 실	

확인하기

난이도 : ★☆☆☆☆
예상 재료비 : 3천 원
예상 제작 시간 : 1시간 30분
작품 크기 : 팔다리 제외 약 10cm

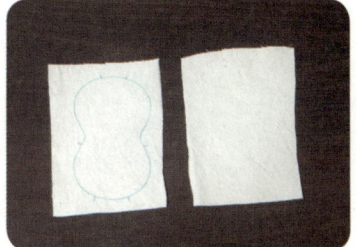

1 같은 크기의 광목 원단 두 장을 준비한 뒤 앞장에 땅콩 모양으로 도안을 그려 주세요.

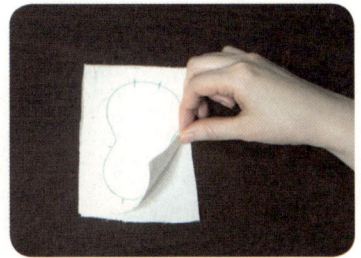

2 그려진 두 장의 도안을 겹쳐 주세요.

면 끈은 안 쓰는 쇼핑백의 끈을 이용해도 좋아요

3 면 끈을 준비한 후 4개로 잘라 준 다음 끝부분을 묶어 줍니다.

4 묶여진 끈의 적당한 위치에 바느질 선을 표시해 줍니다.

끈을 묶어준 부분이 안쪽으로 가게 고정해야 뒤집었을 때 바깥쪽으로 나와요. 많이 실수하는 부분이니 신경쓰시길 바래요.

5 원단 두 장 사이에 끈을 넣어 주세요.

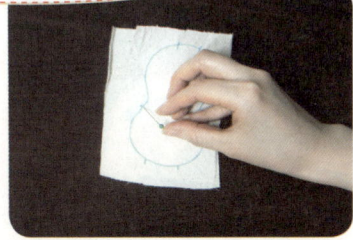

6 시침핀을 이용하여 두 장의 원단을 고정해 주세요.

7 같은 방법으로 나머지 끈도 팔다리 위치에 맞게 원단 사이에 올려놓고 끈에 표시해 둔 바느질 선과 원단에 그려진 바느질 선을 맞춰 주세요.

8 맞춰진 두 장의 원단을 겹쳐 줍니다.

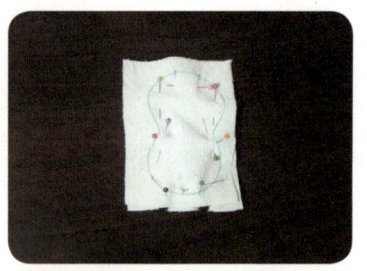

9 시침핀을 이용하여 끈을 모두 고정시킵니다.

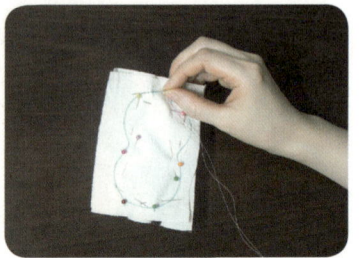

10 땅콩 인형의 창구멍을 제외한 나머지 부분을 바느질 선에 따라 홈질해 줍니다.

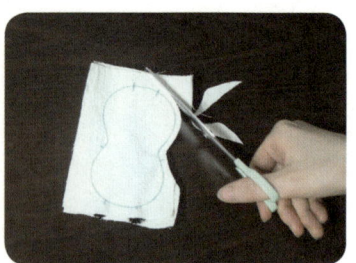

11 홈질이 완료되면 시접 0.7cm 정도를 남기고 테두리를 오려 줍니다.

12 테두리에 일정한 간격으로 골고루 가위집을 내줍니다.

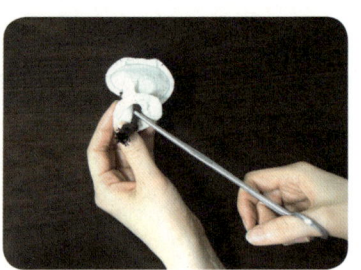

13 창구멍을 통해 땅콩 인형을 뒤집어 줍니다.

14 창구멍을 통해 준비된 솜을 넣어 줍니다.

15 옆모습도 땅콩 모양이 제대로 잡히도록 솜을 꾹꾹 눌러 넣어 줍니다.

16 창구멍을 공그르기로 막아 줍니다.

전체를 바르기 전에 머리 쪽에 살짝 발라 테스트해보고 노르스름한 땅콩색이 나오게 커피 물의 농도를 조절해 주세요.

커피 염색은 바를 때보다 마른 후가 좀 더 연해지기 때문에 감안해서 농도를 조절하세요.

17 인스턴트 커피와 물을 약 1 : 4 비율로 섞어서 붓으로 앞쪽부터 발라 줍니다.

18 염색된 땅콩 인형을 잘 말려 줍니다.

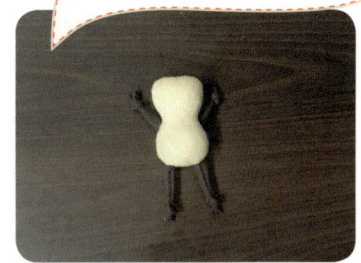

19 원하는 색이 나오지 않았으면 한 번 더 커피 물을 발라 염색해 주세요.

20 원단을 28cm×4cm 크기로 재단해 줍니다.

21 양끝을 겹쳐서 0.5cm 안쪽에 홈질해 줍니다.

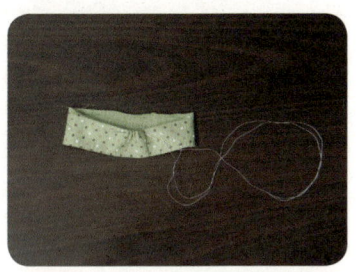

22 하단은 시접 0.5cm를 접어 홈질해서 마무리 합니다.

23 상단은 홈질 후 매듭짓지 말고 그대로 인형에 입힙니다.

24 인형 몸매 딱 맞도록 상단의 실을 잡아당겨 주름을 잡아 준 후 매듭짓습니다. 치마와 인형 몸을 홈질로 고정해 줍니다.

25 털실을 일정 길이로 지그재그 겹쳐서 두 뭉치를 만들어 줍니다.

26 털실 뭉치를 땅콩 인형의 머리에 올려 시침핀으로 중앙을 표시합니다.

27 박음질하여 고정시켜 줍니다.

28 양 갈래 머리를 만들어 주기 위해서 털실을 머리의 양쪽에 한 번씩 더 꿰매어 줍니다.

29 가위로 머리카락의 모양을 예쁘게 정리해 주세요.

30 조각 원단을 잘라 가운데를 홈질합니다.

31 가운데 부분을 중심으로 주름을 잡아 주면 리본을 만들 수 있습니다.

색연필이나 화장품으로 볼을 발그레하게 표현해 주면 더 귀여워져요.

32 리본을 땅콩 인형의 머리 위에 꿰매거나 글루건을 사용하여 고정해 줍니다.

33 시침핀으로 눈과 입의 위치를 잡고 기화성 펜으로 표시해 줍니다.

34 펜으로 깜찍한 땅콩 인형의 눈과 입 등을 그려 주어 완성합니다.

동물·기타
인형
05

"하와이안 고양이"

펠트지를 가늘게 잘라서 훌라 치마를 만들어 준 이국적인 고양이 인형이에요.
가위질만 잘해도 예쁜 치마가 완성되는 재미를 느낄 수 있답니다.

하와이안 고양이

준비물

- 도안 : 262 페이지
- 주재료 : ☐ 검정색 원단
  ☐ 펠트지
- 부재료 : ☐ 솜 ☐ 단추
  ☐ 마 끈
- 실 : ☐ 검정색 실

확인하기

- 난이도 : ★☆☆☆☆
- 예상 재료비 : 3천 원
- 예상 제작 시간 : 1시간 30분
- 작품 크기 : 세로 13cm

1 검정색 원단을 겉면끼리 마주보게 겹친 다음 도안에 맞추어 고양이 모양을 그려 주세요.

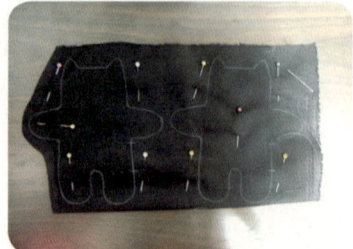

2 바느질 선을 따라 창구멍을 제외하고 홈질해 줍니다.

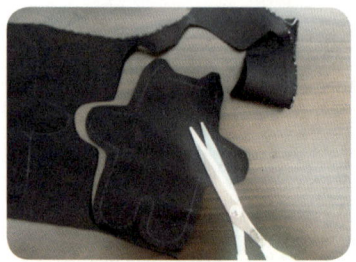

3 홈질이 다 되면 0.7cm 정도 시접 여유를 두고 고양이 모양을 오려 줍니다.

4 꺾인 부분과 곡선 부분을 신경 쓰면서 전체적으로 가위집을 내 줍니다.

5 창구멍을 통해 고양이를 뒤집어 줍니다. 귀 부분까지 신경 써서 뒤집어 주세요.

치마를 입힐 배 부분은 너무 빵빵하지 않게 넣는 게 좋아요.

6 창구멍을 통해 솜을 넣어 줍니다. 전체적으로 취향에 맞게 통통하게, 혹은 홀쭉하게 넣어 줄 수 있습니다.

7 창구멍을 공그르기로 마무리해 줍니다.

⑧ 원하는 색의 펠트지를 4조각 준비해서 일정 간격으로 오려줍니다. 간격이 좁을수록 자연스러운 술 모양이 나옵니다.

⑨ 두 가지 색을 번갈아 가면서 펠트지의 상단을 홈질해 줍니다.

실을 잡아당기면서 주름을 만들 거라 중간에 실이 엉키면 안돼요.

⑩ 끝까지 홈질 후 실을 잡아당겨 주름을 만들어 준 후 매듭지어 줍니다. 치마의 모양이 나왔어요.

펠트지 색 조합과 조각 나누기를 다양하게 하면 또 다른 느낌의 치마를 완성할 수 있어요.

⑪ 완성된 치마를 고양이 허리에 꿰매어 고정해 줍니다.

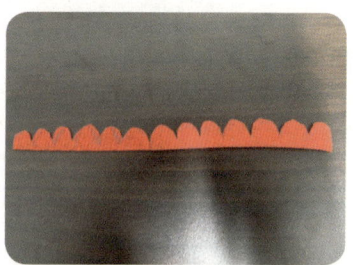

⑫ 장미를 만들기 위해 빨간색 펠트지를 길게 잘라 위쪽을 반달 모양이 연결된 것처럼 오려 줍니다.

⑬ 작게 돌돌 말아 준 후 아래쪽을 X자로 여러 번 관통하여 꿰맵니다.

⑭ 아래쪽은 모이고 위쪽은 자연스럽게 벌어진 장미가 완성됩니다.

⑲ 완성된 꽃을 글루건으로 고양이 머리에 고정해 준 후 깜찍한 고양이 얼굴을 그려 완성합니다.

동물·기타 인형 **06**

폭신한 등 쿠션 거북이

폭신폭신한 등을 핀 쿠션으로 사용하면 좋은 너무 예쁜 거북이 인형이에요.
여러 마리 만들어 장식용으로 써도 좋고, 크게 만들어 쿠션으로 써도 좋아요.

폭신한 등 쿠션 거북이

준비물

도안 : 263 페이지

주재료	☐ 밝은 색 원단
	☐ 무늬 원단
부재료	☐ 펠트지 ☐ 솜
실	☐ 흰색 ☐ 원단 색

확인하기

난이도 : ★★☆☆☆
예상 재료비 : 3천 원
예상 제작 시간 : 약 2시간
작품 크기 : 머리부터 등 쿠션까지 12cm

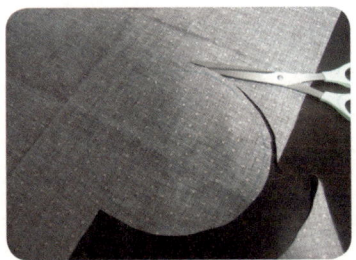

1 무늬 원단의 안쪽에 등 쿠션 도안을 그린 후 1cm 여유를 두고 재단합니다.

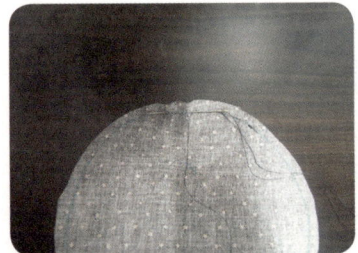

2 바느질 선을 따라 홈질해 줍니다. 땀의 간격이 일정하도록 신경 쓰면서 홈질하세요.

3 매듭을 짓지 않은 상태로 실을 잡아당겨 입구를 오므려 줍니다.

4 오므린 부분에 솜을 충분히 넣어 폭신한 거북이 등이 되도록 표현해 줍니다.

5 동그란 모양이 되도록 솜을 정리해 준 후 매듭을 지어 고정합니다. 이때 입구는 완전히 닫지 않아도 됩니다.

6 솜이 나오지 않도록 두꺼운 도화지를 입구보다 조금 크게 잘라 준비합니다.

7 글루건이나 접착제를 이용해 도화지로 입구를 막아주면 폭신한 거북이의 등 쿠션 완성입니다.

8 완성된 등쿠션의 모습이에요.

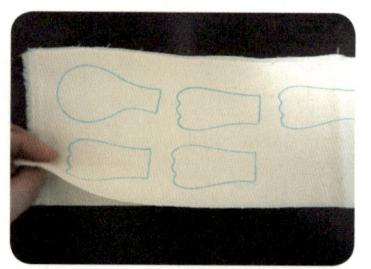

9 밝은색 원단을 겉면끼리 마주 보게 겹친 다음 거북이의 얼굴, 다리 도안을 그려 주세요.

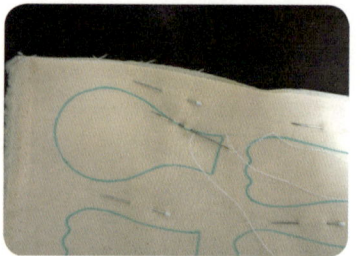

10 창구멍을 제외하고 모든 바느질 선을 홈질해 줍니다.

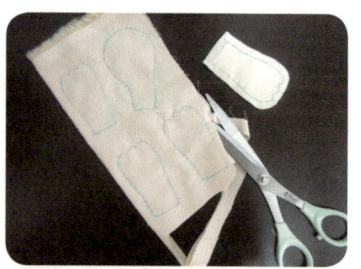

11 0.7cm 정도 시접 여유를 두고 거북이의 얼굴, 다리를 오려 줍니다.

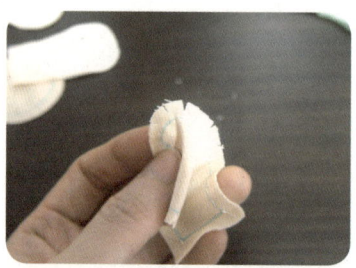

12 곡선 부분과 꺾인 부분을 주의하여 전체적으로 가위집을 내 준 후 뒤집어 줍니다.

13 창구멍을 통해 솜을 꼼꼼히 채워 줍니다. 특히 거북이의 얼굴 모양이 동그랗게 되도록 충분히 채워 주세요.

14 등 쿠션에 머리와 다리의 위치를 잡아 시침핀으로 고정합니다.

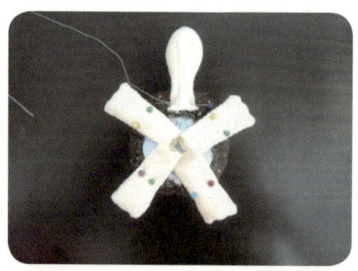

15 자리 잡은 머리와 다리를 등 쿠션에 홈질로 꿰매어 고정해 줍니다.

16 거북이의 목 뒤를 한 땀 떠서 등 쿠션과 연결해 주세요. 그래야 고개를 당당히 든 거북이의 모습이 되요.

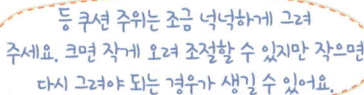
등 쿠션 주위는 조금 넉넉하게 그려 주세요. 크면 작게 오려 조절할 수 있지만 작으면 다시 그려야 되는 경우가 생길 수 있어요.

17 완성된 거북이를 펠트지 위에 올려놓고 등 쿠션의 둘레를 그려 줍니다.

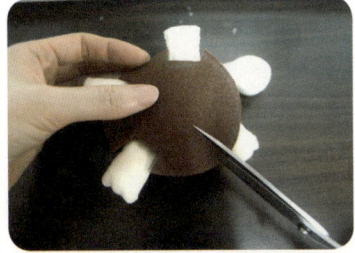

18 동그랗게 오린 펠트지를 거북이 바닥에 올려놓고 다리 안쪽을 오려 줍니다.

19 잘려진 부분의 펠트지를 시침핀으로 꼼꼼하게 고정시켜 줍니다.

20 시침핀으로 고정해 준 옆모습이에요.

21 고정한 펠트지를 촘촘 홈질 또는 박음질로 바느질하여 바닥을 잘 붙여 줍니다.

22 펜이나 아크릴 물감으로 거북이의 얼굴을 그려서 완성합니다.

동물·기타
인형
07

"페인팅 패션 토끼"

물감으로 색칠해서 옷을 입혀 주는 토끼 인형이에요. 직접 색칠하기 때문에
작은 장신구나 섬세한 무늬도 쉽게 표현할 수 있어 다양한 패션을 연출해 볼 수 있어요.

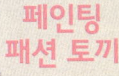

페인팅 패션 토끼

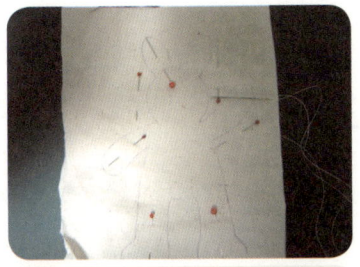

1 광목 원단에 토끼 모양의 도안을 그린 후 두 장을 겹쳐서 고정해 줍니다.

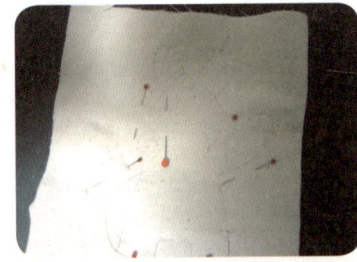

2 창구멍을 제외하고 전체 바느질 선을 홈질해 줍니다.

준비물

도안 : 264 페이지

주재료 □ 광목 원단
　　　　□ 아크릴 물감
부재료 □ 조각 원단
실　　　□ 흰색

확인하기

난이도 : ★★☆☆☆
예상 재료비 : 5천 원
예상 제작 시간 : 2시간
작품 크기 : 귀부터 발까지 15cm

이렇게 날씬한 몸매의 인형은 꺾인 부분과 곡선 부분에 특히 가위집을 촘촘히 내 줘야 예쁜 모양이 나와요.

3 바느질 선에서 0.7cm 정도 시접 여유를 두고 토끼 모양을 오려 줍니다.

4 시접에 일정한 간격으로 가위집을 내 줍니다.

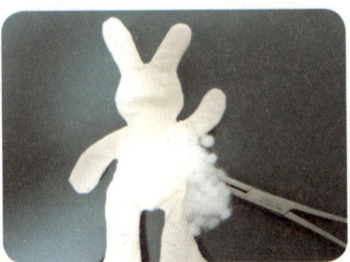

5 창구멍을 통해 토끼를 뒤집고 솜을 채워 줍니다.

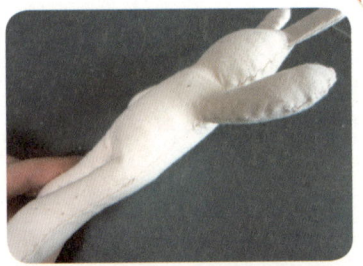

6 창구멍을 공그르기로 마무리해 줍니다. 매듭이 보이지 않도록 잘 마무리해 주세요.

미리 스케치를 해줘야 색칠할 때 실수하지 않을 수 있어요.

7 기화성 펜이나 샤프로 연하게 페인팅 할 라인을 그려 줍니다.

8 아크릴 물감이나 톨 페인팅용 물감으로 토끼 옷의 윗부분을 노란색으로 칠해줍니다.

9 바지와 양말등의 각종 장식을 예쁘게 색칠해 줍니다.

> 아크릴 물감이 없다면 일반 물감을 이용해도 괜찮아요. 일반 물감을 쓰면 다만 완성 후에 물이 닿으면 번질 수 있으니 조심하세요.

10 펜으로 귀여운 토끼의 얼굴을 그려 줍니다.

11 조각 원단을 이용해서 스카프, 가방 등 패션 아이템을 표현해 주면 더 멋진 토끼가 된답니다. 자유롭게 개성 넘치는 토끼를 표현해 주세요.

사람인형 08

"꽁지 가방 고리 인형"

핸드폰이나 가방에 달고 다니기 좋은 귀여운 인형이에요.
어딜 가든 항상 함께 할 수 있어 좋아요. 재밌는 표정을 표현해서 다양하게 만들어 보세요.

꽁지 가방 고리 인형

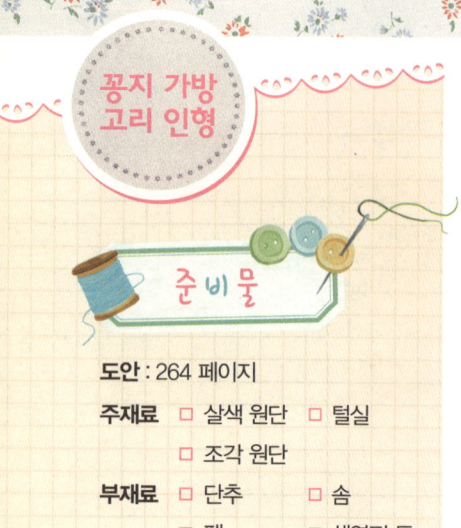

준비물

도안 : 264 페이지

주재료 ☐ 살색 원단 ☐ 털실
        ☐ 조각 원단
부재료 ☐ 단추 ☐ 솜
        ☐ 펜 ☐ 색연필 등
실   ☐ 흰색

확인하기

난이도 : ★★☆☆☆
예상 재료비 : 4천 원
예상 제작 시간 : 3시간
작품 크기 : 8cm

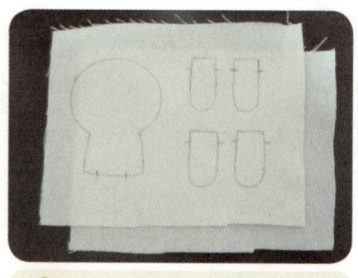

1 살색 원단에 도안에 맞추어 귀여운 인형을 그려 줍니다.

2 두 장의 도안을 겹친 다음 시침핀을 이용하여 겹쳐 고정해 줍니다.

3 창구멍을 제외하고 바느질 선을 따라 꼼꼼히 홈질해 줍니다.

4 바느질 선에서 0.7cm 정도 여유 시접을 두고 머리와 팔다리를 각각 오려 줍니다.

5 여유 시접에 일정한 간격으로 가위집을 내 줍니다. 곡선 부분은 특히 더 신경 써서 가위집을 내 주세요.

6 창구멍을 통해 인형의 각 부위를 뒤집어 줍니다.

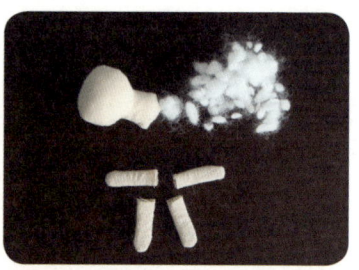

7 각 부분에 솜을 채워 줍니다. 솜의 양을 충분히 넣어 주면 통통한 인형으로 만들 수 있어요.

이렇게 입구 부분을 모은 형태로 만들어 주면 팔다리의 움직임이 자유로워져요.

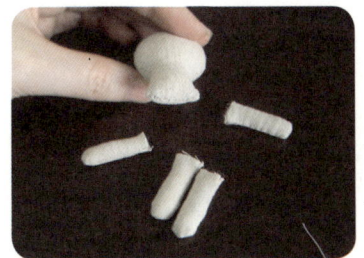

8 창구멍을 공그르기로 마무리해 줍니다. 매듭이 보이지 않게 주의해서 마무리해 주세요.

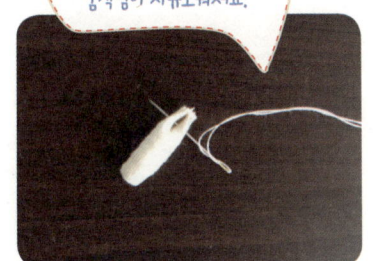

9 팔의 입구 부분을 겹쳐서 바늘로 통과해 주세요.

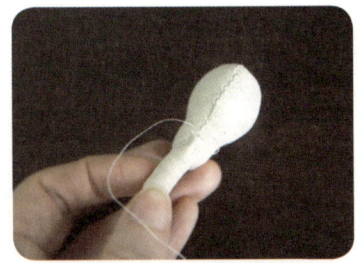

10 인형의 몸통에 팔을 몇 번 감침질해 줍니다.

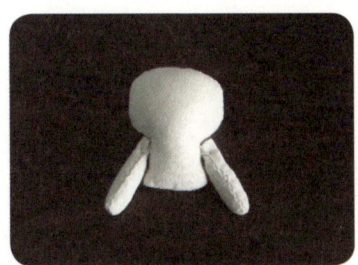

11 같은 방법으로 다른 팔도 감침질을 해주고 양쪽에 잘 달아줍니다.

12 다리는 몸통에 박음질로 고정해 줍니다. 손바닥보다 작은 깜찍한 인형의 몸통이 완성되었습니다.

옷 만들기

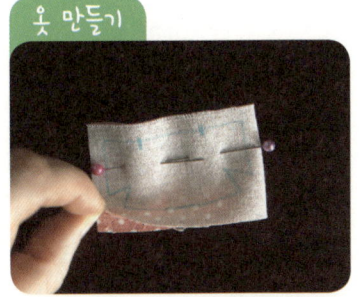

1 상의 원단에 인형 옷에 맞게 도안을 그린 후 겉면끼리 마주보게 겹쳐서 고정해 줍니다.

2 바느질 선을 따라서 홈질해 줍니다. 홈질한 상의의 시접을 0.7cm 정도 남기고 오려 준 후 겨드랑이에 가위집을 냅니다.

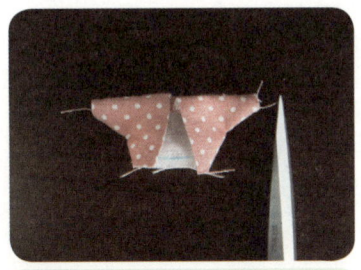

3 상의를 뒤집은 후 뒷면의 중앙 위치를 세로로 잘라 주세요. (자른 면이 등이 됩니다.)

4 상의의 팔 둘레와 허리둘레, 목둘레를 안쪽으로 접어서 홈질해 주세요.

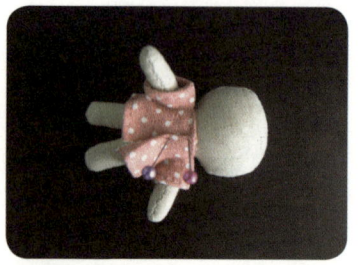

⑤ 인형에 옷을 입혀 주세요.

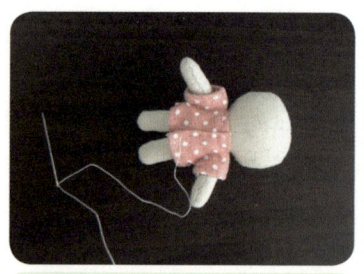

⑥ 인형을 뒤집어서 등 부분을 실로 꿰매 주세요.

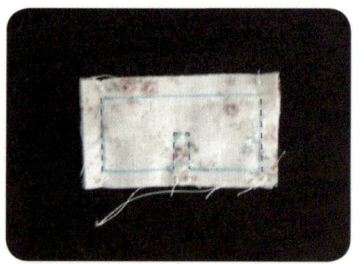

⑦ 하의 원단의 안쪽 면에 바지 도안을 그린 후 두 겹으로 겹쳐서 홈질해 주세요.

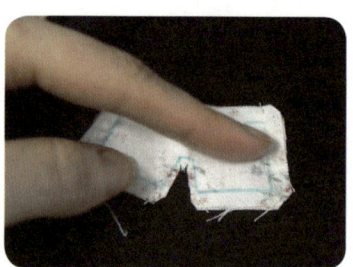

⑧ 여유 시접을 0.7cm 정도 두고 오린 후 가랑이 사이를 Y자로 잘라 주세요. 그래야 뒤집었을 때 가랑이 부분이 울지 않아요.

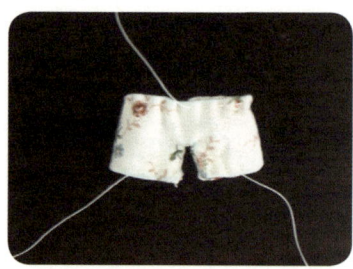

⑨ 바지를 뒤집어서 허리와 밑단을 접어 홈질한 후 매듭짓지 않은 상태로 둡니다.

⑩ 인형에 바지를 입힌 후 실을 잡아당겨 호박 바지 모양으로 만들어 줍니다. 남은 실을 매듭지어 준 후 바지의 허리 부분과 인형 몸을 몇 땀 떠서 고정해 주세요.

머리, 모자 만들기

털실 대신 십자수용 실도 가능해요.

1 가는 털실을 세 묶음 만들어서 이마 부분에 꿰매거나 글루건으로 고정해 주세요.

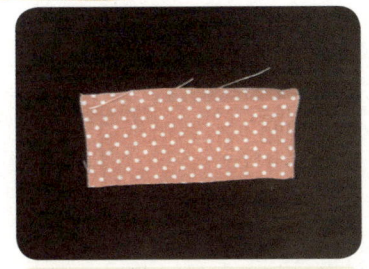

2 모자로 사용할 원단을 준비합니다.

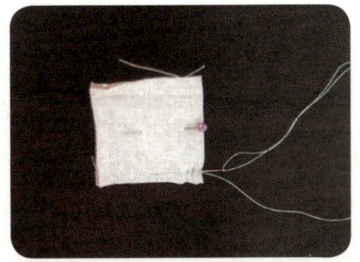

3 겉면이 마주보도록 반을 접어서 아래쪽 가로선을 홈질해 주세요. 재단선으로부터 0.5cm 안쪽입니다.

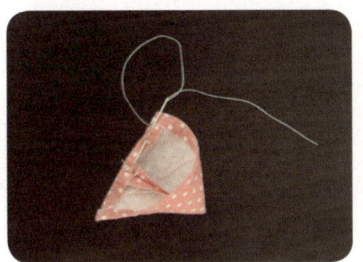

4 뒤집어서 고깔 모양으로 만들어 줍니다. 가장자리를 안쪽으로 0.5cm 접어서 홈질로 깔끔하게 마무리해 줍니다.

5 모자를 인형의 머리에 씌워서 모자 끝과 양쪽 볼을 몇 땀 꿰매어 고정해 주세요.

6 기화성 펜으로 눈을 그려 줍니다.

7 단추 등으로 인형 옷에 포인트를 주어 깜찍한 인형을 완성합니다.

사람인형
09

"컨트리 소녀 쫑아"

컨트리 인형의 기본이라 할 수 있는 원피스와 앞치마, 모자까지 만들 수 있는 아기자기한 소녀 인형이에요. 쫑아를 만들고 나면 약간의 변형으로 다양한 나만의 인형을 만들 수 있어요.

컨트리 소녀 쫑아

원단의 식서 방향을 확인합니다. 손으로 당겨 보았을 때 늘어나지 않는 방향(식서)을 세로로 놓고 도안을 그려 주세요.
※ 펠트지를 제외한 모든 원단에 해당됩니다.

준비물

도안 : 265 페이지

주재료 ☐ 광목 원단   ☐ 털실
           ☐ 퀼트 원단

부재료 ☐ 솜   ☐ 펜
           ☐ 색연필   ☐ 커피 등

실   ☐ 흰색

확인하기

난이도 : ★★☆☆☆
예상 재료비 : 5천 원
예상 제작 시간 : 5시간
작품크기 : 모자부터 발까지 25cm

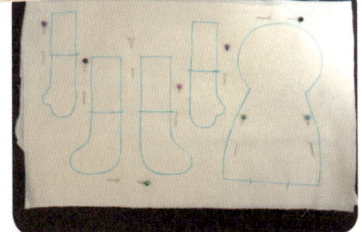

1. 광목 원단에 인형 형태로 도안을 그려 줍니다.

2. 두 장을 겹쳐서 고정해 줍니다.

• **식서 방향** : 원단 길이의 방향(올 풀림 방지 띠와 같은 방향), 원단이 늘어나지 않음
• **푸서 방향** : 원단 폭의 방향, 원단이 늘어남.

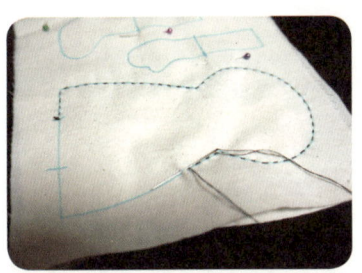

3. 창구멍을 제외하고 홈질해 줍니다.

4. 몸통, 팔다리를 각각 꼼꼼히 홈질해 주세요.

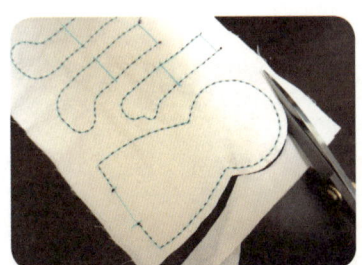

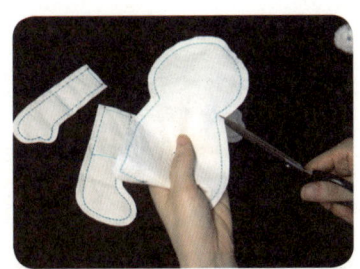

5. 바느질 선에서 0.7cm 정도 시접 여유를 두고 오려 줍니다.

6. 몸통과 팔, 다리를 별도로 오려낸 모습이에요.

7. 시접 부분에 일정한 간격으로 가위집을 내 줍니다. 꺾인 부분은 더 신경 쓰시고 곡선 부분은 간격을 좁게 내 주세요.

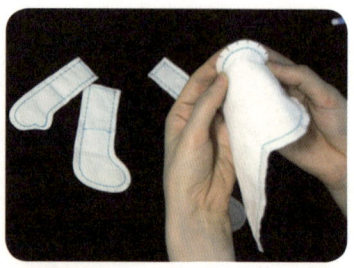

⑧ 바느질 선에서 약간 띄어서 내 줘야 사진처럼 바느질이 잘리지 않아요.

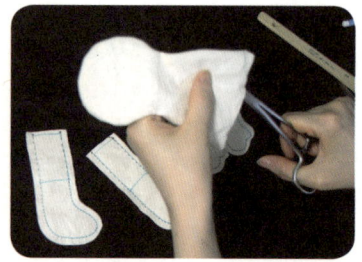

⑨ 창구멍을 통해 몸통, 팔다리를 뒤집어 줍니다.

⑩ 몸통에 방울 솜을 채워 줍니다.

> 겸자가 없을 때에는 나무젓가락을 이용해도 좋아요. 솜을 가장자리부터 꼼꼼히 채워야 인형의 매끈한 라인이 나올 수 있습니다.

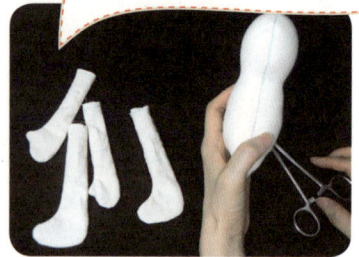

⑪ 겸자를 이용해서 옆모습도 통통할 정도로 솜을 밀착시켜 꼼꼼히 채워 주세요.

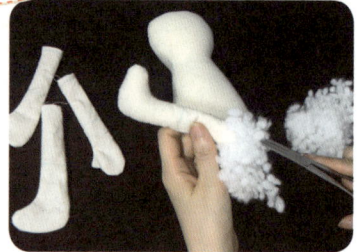

⑫ 팔다리에는 솜 넣는 선까지만 채워 줍니다.

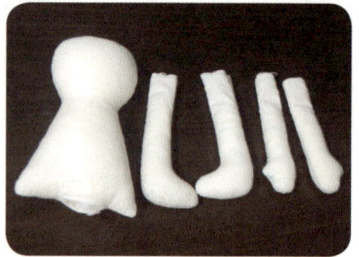

⑬ 이렇게 솜을 넣어주면 약간 빵빵하게 만들어져요.

> 이렇게 입구 부분을 모아서 달아 주면 인형 팔의 움직임이 자유로워져요.

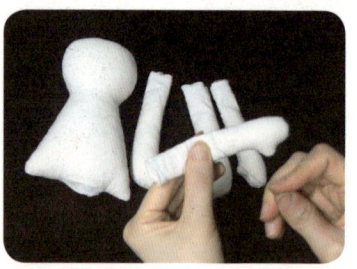

⑭ 솜이 삐져나오는 것을 방지하기 위해서 솜 넣는 선을 홈질해 줍니다.

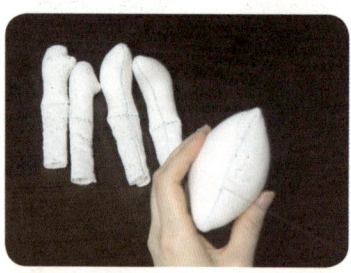

⑮ 몸통의 창구멍을 공그르기로 마무리해 줍니다.

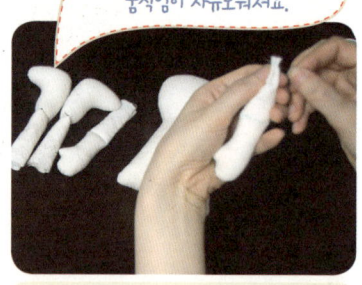

⑯ 팔의 입구 부분을 겹쳐서 바늘로 통과시켜 주세요.

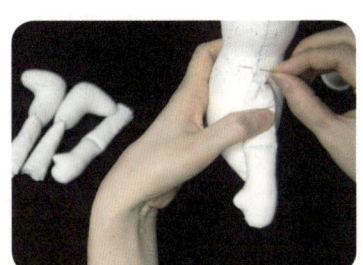

17 몸통에 팔을 몇 번 감침질해서 달아 줍니다.

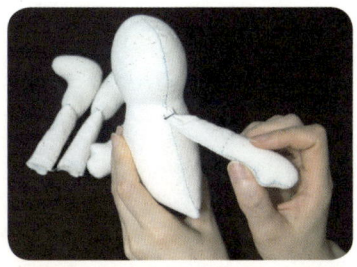

18 나머지 팔도 같은 방법으로 달아줍니다.

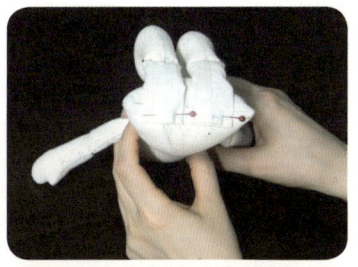

19 다리는 몸통에 박음질로 고정해 줍니다.

20 두 다리를 모두 같은 방법으로 고정시켜 줍니다.

원하는 피부톤에 따라 농도를 조절하세요.

21 인스턴트 커피와 물을 1 : 5 정도 비율로 섞어 줍니다.

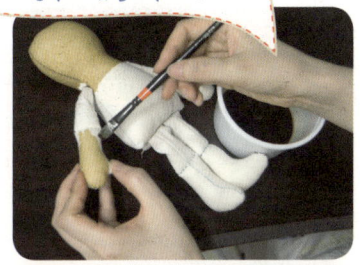

마르기 전에 자꾸 덧바르면 얼룩질 수 있으므로 너무 연하면 다 마른 후에 덧발라 주세요.

22 커피 물을 붓으로 한쪽부터 발라 줍니다. 밝은 색으로 실을 썼으면 함께 염색이 되어 아주 자연스러워져요.

커피 염색은 바를 때보다 마른 후에 좀 더 연해져요. 안쪽 솜에 스며든 커피 물까지 잘 말려 주세요. 반나절 정도 빨래 건조대에 널어 놓거나 급한 경우 드라이기로 말려 주세요.

23 커피 염색이 고루 들 수 있도록 잘 말려 줍니다.

속바지 만들기

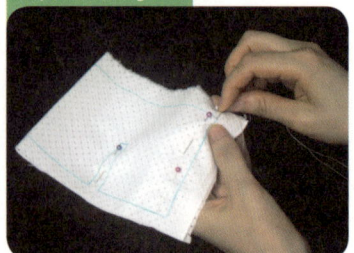

1 원단의 안쪽 면에 바지 도안을 그린 후 겉면끼리 마주보도록 두 겹으로 겹쳐서 홈질해 주세요.

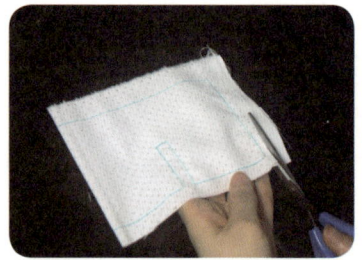

2 0.5cm 정도 시접을 두고 오려 주세요.

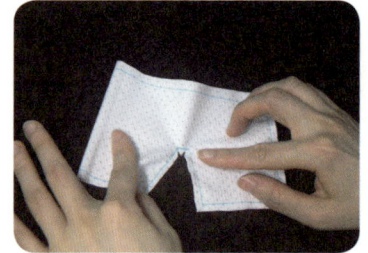

3 가랑이 사이를 Y자로 잘라 주세요. 그래야 뒤집었을 때 가랑이 부분이 울지 않게 돼요.

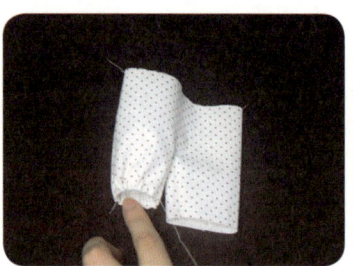

4 바지를 뒤집어서 허리와 밑단을 홈질해 줍니다.

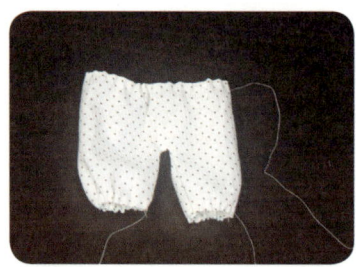

5 매듭은 짓지 말고 실을 그대로 달아 놓으세요.

6 커피 물에 살짝 담가서 염색시킨 후 말려 줍니다. 흰 속바지가 좋다면 염색 과정은 생략하고 그대로 써도 좋아요.

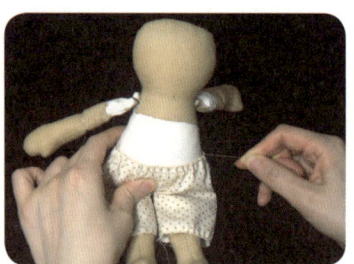

7 바지를 입힌 후 실을 쭉 잡아당겨 호박 바지 모양으로 만들어 줍니다.

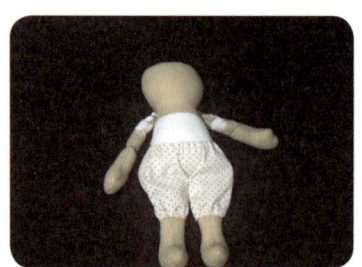

8 매듭지은 후 바지의 허리춤과 몸통에 몇 땀 떠서 고정해 주세요.

원피스 만들기

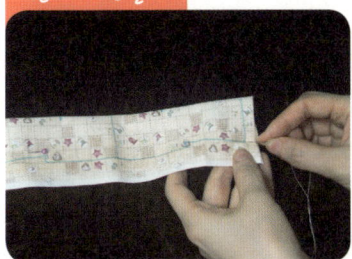

1 상의 원단에 도안을 그린 후 두 장을 겹쳐서 홈질해 줍니다.

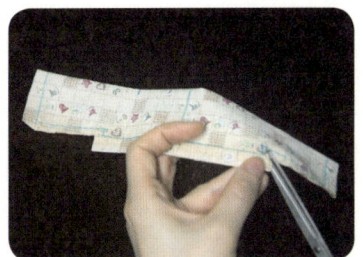

2 홈질한 상의는 0.5cm 정도 시접을 남기고 오린 후 겨드랑이에 가위집을 내 줍니다.

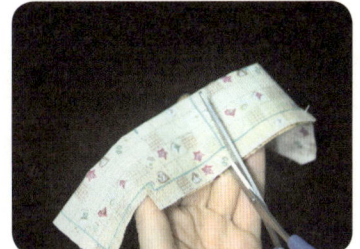

3 상의를 뒤집은 후 뒤쪽의 중앙을 세로로 잘라 주세요. 앞쪽과 함께 잘리지 않게 주의하세요.

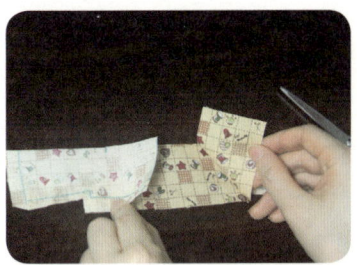

4 이렇게 잘라진 면이 등 부분이 됩니다.

5 치마 원단을 사이즈에 맞춰 재단합니다.

6 재단한 후 상단 0.5cm 위치에 홈질해 줍니다.

> 상의의 가로 길이와 똑같이 맞추기 힘들면 살짝 길게 남겨 줘도 돼요. 연결할 때 긴 부분은 접어서 바느질하면 조절이 가능해요.

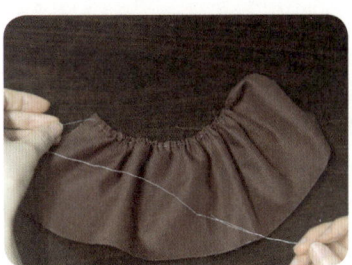

7 홈질한 끝은 매듭짓지 말고 실을 잡아당겨 주름을 잡아 줍니다.

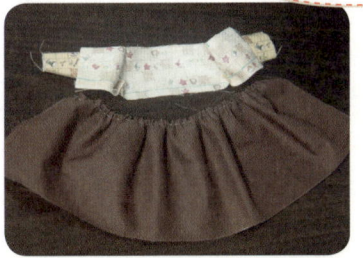

8 치마의 허리 부분을 상의의 가로 길이에 맞춰서 주름 잡고 끝을 매듭지어 줍니다.

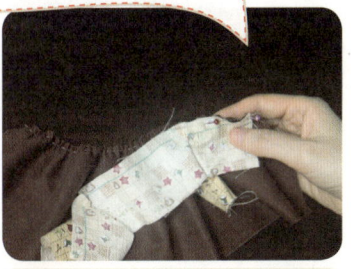

9 상의와 치마의 허리 부분을 겉면끼리 마주보게 겹쳐 주세요.

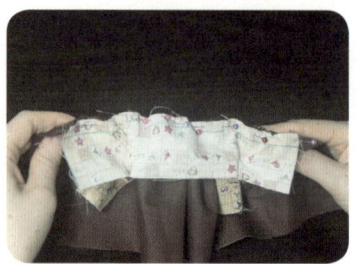
10 겹쳐진 것을 고정시켜 주세요.

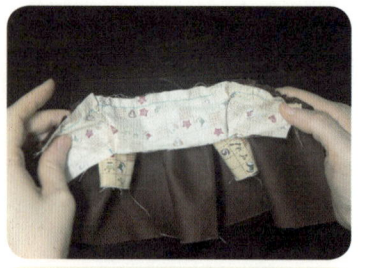
11 상의는 도안선에 맞춰 박음질 해 줍니다.

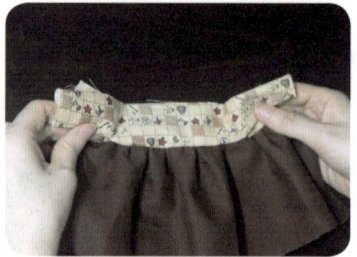
12 박음질된 상의를 위로 올리면 연결된 모습이 나옵니다.

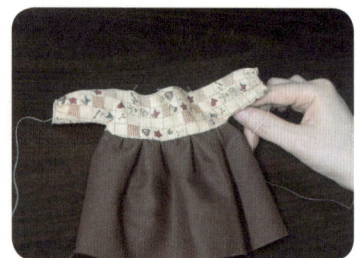
13 상의의 소매를 안쪽으로 접어서 홈질한 후 매듭짓지 말고 실을 매달아 놓으세요.

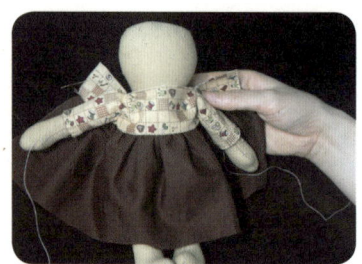
14 인형에 옷을 입히고 팔 굵기에 맞게 소매를 주름 잡아 주세요.

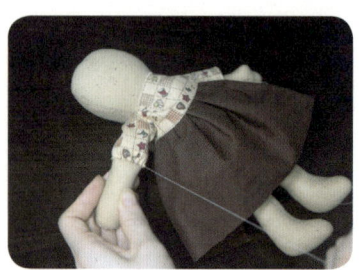
15 주름은 매듭지어 마무리 해 주세요.

속바지나 몸통과 함께 꿰매어 돌아가지 않게 주의해 주세요.

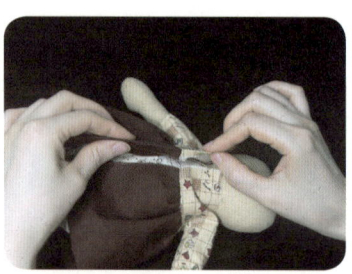
16 입힌 옷을 안쪽으로 0.7cm 정도 접어 주세요.

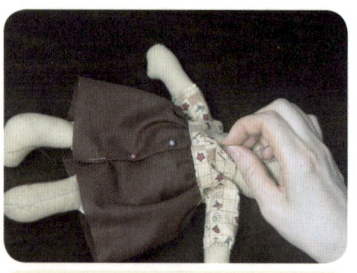
17 접힌 부분을 중심으로 고정시켜 주세요.

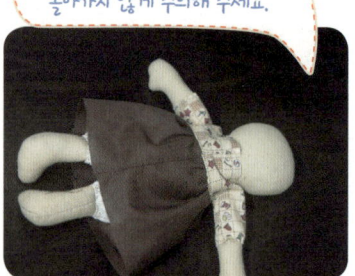
18 접은 상태를 붙여서 홈질로 마무리해 줍니다.

19 목선 부분도 마찬가지로 살짝 안쪽으로 접어서 홈질해 주세요.

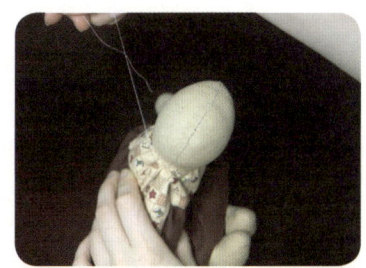

20 목 부분의 실을 잡아당겨 목둘레에 맞춰 주름 잡은 후 매듭지어 줍니다.

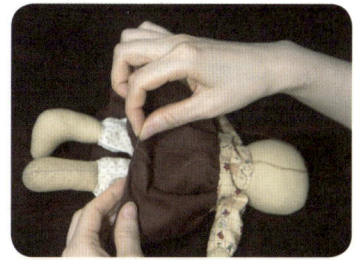

21 치마단도 마찬가지로 안쪽으로 접어 줍니다.

> 실의 색은 원단 색과 비슷한 색으로 깔끔하게 마무리해도 좋고, 두 톤 밝은 색이나 보색으로 해서 포인트를 줘도 예뻐요.

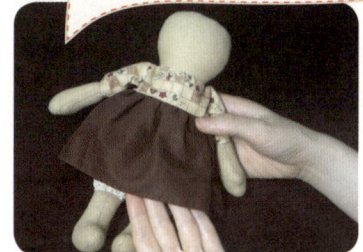

22 접혀진 부분은 홈질로 마무리 해줍니다.

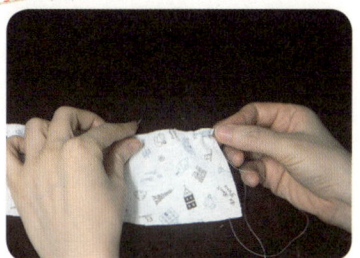

23 재단한 앞치마는 상단 0.5cm 위치에 홈질하여 주름을 만들어 주세요.

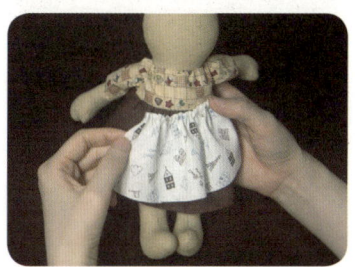

24 인형의 배 부분에 앞치마를 붙이고 몇 땀 꿰매어 고정해 줍니다.

머리카락 만들기

1 헤어스타일을 만들어 볼게요. 털실을 넉넉한 길이로 지그재그 겹쳐서 묶음을 만듭니다.

2 세 묶음 정도 만드세요. 뒷머리가 좀 짧아야 길이가 같아져요.

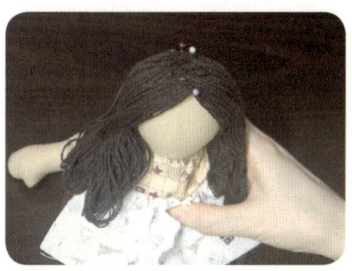

3 털실을 머리에 올려 주세요.

4 머리의 중앙 부분에 시침핀으로 중심을 표시해 주세요.

5 털실과 비슷한 색의 실로 중심선을 몇 가닥씩 박음질로 꿰매어 줍니다.

6 양쪽 머리를 묶을 위치를 시침핀으로 표시해 주세요.

7 털실을 반으로 나누어 귀옆에 감침질로 꿰매어 고정해 줍니다.

8 반대쪽도 같은 방법으로 꿰매어 고정해 줍니다.

9 바느질이 끝난 후 가위로 예쁘게 머리카락을 다듬어 주세요.

10 머리카락이 예쁘게 다듬어진 모습이에요.

모자 만들기

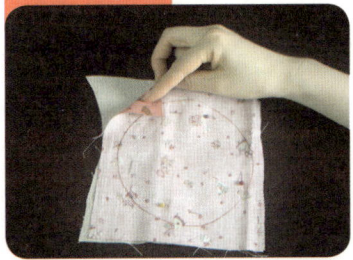

1. 원단 두 장을 겉면끼리 마주 보게 놓고 시침핀으로 고정해 줍니다.

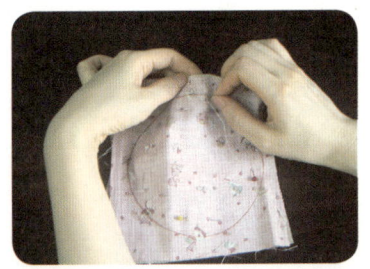

2. 도안에 맞추어 밑그림을 그린 후 바느질 선을 따라 홈질해 주세요.

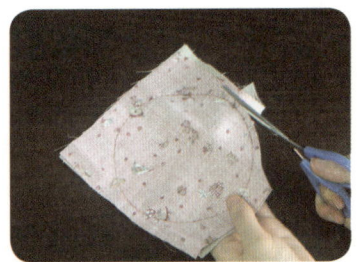

3. 시접을 0.7cm 정도 남기고 모자 모양을 오려 주세요.

4. 시접을 빙둘러 일정한 간격으로 가위집을 내 주세요.

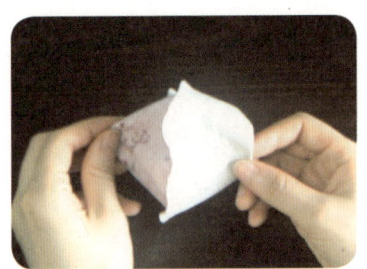

5. 원단 사이를 벌려 공간을 만들어 주세요. 실수로 두 장 다 오려지는 일을 방지하기 위해서이므로 공간을 잘 만들어 주세요.

6. 모자 안쪽 원단 중앙에 창구멍을 내줍니다.

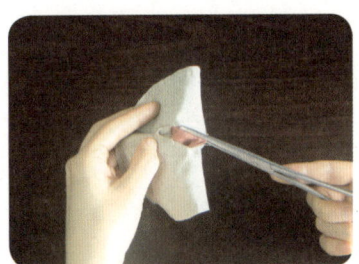

7. 창구멍을 통해 모자를 뒤집어 주세요.

8. 테두리에서 2cm 정도 안쪽을 홈질해 주세요.

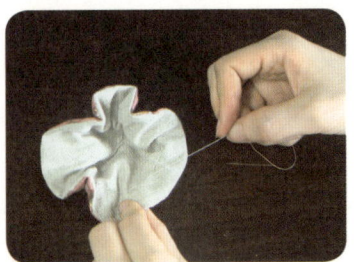

9. 홈질한 실은 매듭짓지 말고 잡아당겨서 주름을 만들어 주세요.

10 오목한 부분에 솜을 조금 채워 주세요. 그래야 동그란 모자 모양이 흐트러지지 않아요.

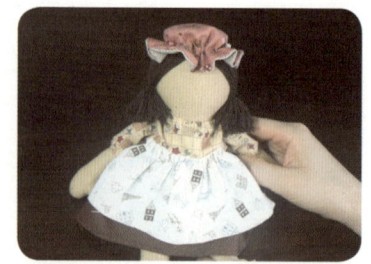

11 모자를 머리에 위치 잡고 바느질로 고정해 줍니다.

> 아크릴 물감은 도트를 이용해 찍어 줍니다. 도트가 없는 경우는 시침핀의 뒷 부분을 이용할 수 있어요.

얼굴 그리기

1 시침핀으로 눈과 입의 위치를 잡아서 기화성 펜이나 샤프로 표시해 줍니다.

2 원하는 표정을 펜으로 귀엽게 그려줍니다.

3 흰색 아크릴 물감으로 눈동자를 찍어주고 색연필이나 화장품으로 볼을 발그레하게 표현해 주면 소녀의 예쁜 얼굴이 완성됩니다.

사람인형 10

"꼬맹이 아가 인형"

손가락 두마디만한 미니 사이즈 아가 인형이에요. 통바디 형태라 만들기도 간단해요.
고리를 달아서 깜찍하게 핸드폰줄로 이용해 보세요.

꼬맹이 아가 인형

준비물

도안 : 264 페이지

주재료 　☐ 광목　　☐ 털실
　　　　　☐ 조각원단

부재료 　☐ 단추　　☐ 솜
　　　　　☐ 펜　　　☐ 색연필 등

실　　　 ☐ 흰색

확인하기

난이도 : ★★☆☆☆
예상 재료비 : 4천 원
예상 제작 시간 : 3시간
작품 크기 : 6.5cm

① 광목원단에 도안을 그린 후 두 장을 겹쳐서 고정해줍니다.

② 창구멍을 제외하고 홈질해 줍니다.

③ 바느질 선에서 0.7cm 정도 여유를 두고 오려 준 다음 둥근부분에 일정한 간격으로 가위집을 내 줍니다.

④ 창구멍을 통해 뒤집어서 솜을 넣어줍니다. 창구멍을 공그르기로 마무리해 줍니다.

광목이 아닌 살색 원단으로 만드는 경우는 커피염색은 생략합니다.

⑤ 연한 커피물을 붓으로 발라 염색해 줍니다.

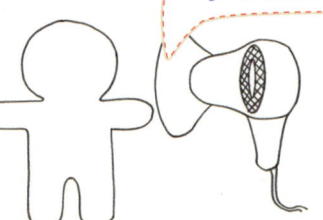

커피물 : 인스턴트커피 1+물 7 정도 비율로 농도는 취향에 맞게 조절하세요.

⑥ 자연건조나 드라이 건조를 하여 커피물을 완전히 말려 줍니다.

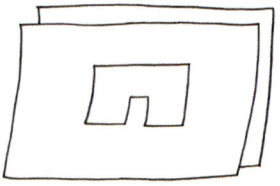

⑦ 원단 안쪽에 바지 도안을 그려준 후 겉면끼리 마주보게 겹쳐주세요.

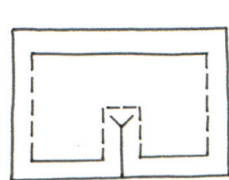 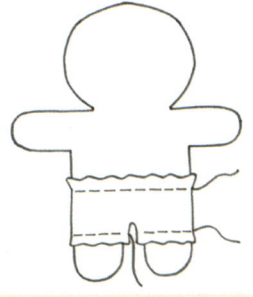 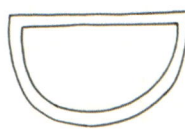

8 홈질한 후 시접을 두고 자른 후 가랑이에 Y자 가위집을 내주고 뒤집어 주세요.

9 속바지의 허리와 양쪽 다리의 시접을 안쪽으로 접어서 홈질해 준후 몸에 입혀서 주름잡아 매듭지어 주세요.

10 턱받이 도안을 그린 후 0.5cm 정도 여유를 두고 오립니다.

> 턱받이 만들기가 번거로우면 조각원단을 사각으로 준비한 후 반 접어서 삼각 모양의 스카프로 만들어 인형의 목에 둘러주면 또 다른 귀여움이 있어요.

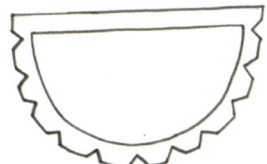  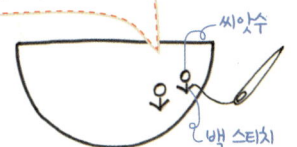

씨앗수
백 스티치

11 여유분에 가위집을 넣어줍니다.

12 도안선을 접어서 홈질해 줍니다.

13 턱받이에 약간의 자수를 넣어서 마무리해 줍니다.

 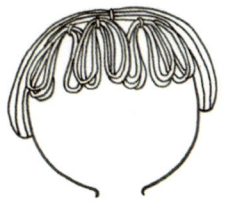 

14 털실을 일정 길이로 지그재그로 겹쳐서 몇 뭉치를 만들어 줍니다.

15 털실 뭉치를 머리에 올려 박음질이나 글루건으로 고정해 줍니다.

16 가위로 모양을 정리해 주거나 실로 묶어 연출합니다.

 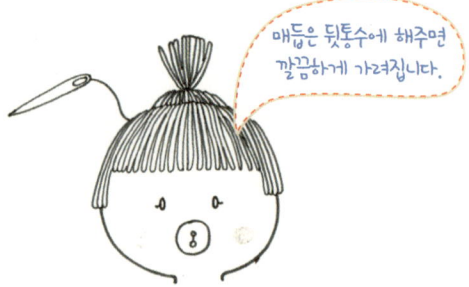

17 펜으로 눈을 그려 주고 색연필로 볼도 발그레 하게 표현해 줍니다.

18 미니 단추를 입에 꿰매서 장난감 젖꼭지를 표현해 주면 아가 인형이 완성되요.

사람인형 **11**

"통통 소녀 달코미"

통통한 몸매에 앙증맞은 팔다리가 너무나 예쁜 소녀 인형이에요.
돌돌 말아 올린 머리가 포인트인 달코미를 함께 만들어 보세요.

통통 소녀 달코미

준비물

도안 : 267 페이지

주재료 ☐ 30수 평직 살색 원단
☐ 털실 ☐ 퀼트 원단

부재료 ☐ 솜 ☐ 펜
☐ 색연필 ☐ 물감 등

실 ☐ 흰색

확인하기

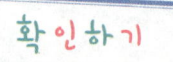

난이도 : ★★☆☆☆
예상 재료비 : 1만원
예상 제작 시간 : 4시간
작품 크기 : 올림 머리 제외 약 14cm

바디 만들기

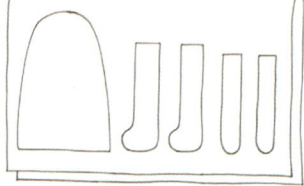

1 살색 원단을 겉면끼리 마주보게 겹쳐서 도안을 그립니다.

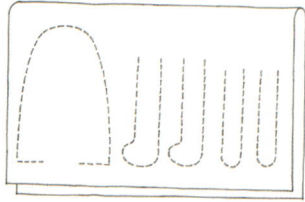

2 창구멍을 제외하고 홈질합니다.

3 바느질 선에서 0.7cm 정도 여유를 두고 오려 준 후 가위집을 내 줍니다.

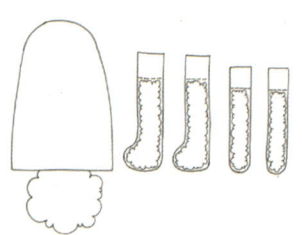

4 창구멍을 통해 인형을 뒤집어 준 후 솜을 채워 줍니다.

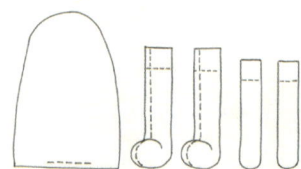

5 솜을 채워 부풀게 만들어 줍니다.

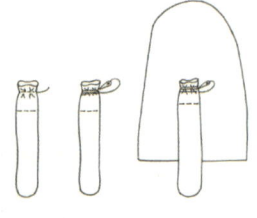

6 창구멍을 공그리기로 막아 줍니다.

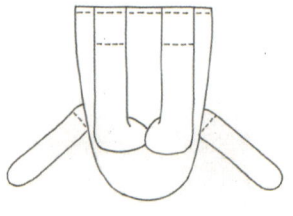

7 팔다리의 바느질 선은 홈질해 줍니다.

속바지 만들기

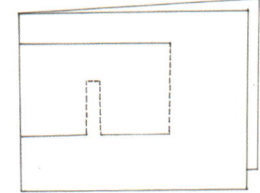
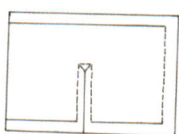

⑧ 팔은 감칠질로 다리는 박음질로 몸통에 꿰매어 줍니다.

① 원단의 안쪽 면에 도안을 그린 후 겉면끼리 마주보게 겹쳐서 홈질해 줍니다.

② 0.5cm정도 여유를 두고 오린 후 가랑이 사이를 Y자로 잘라주세요.

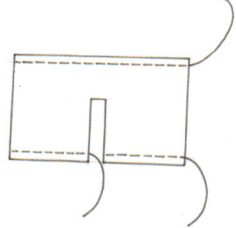
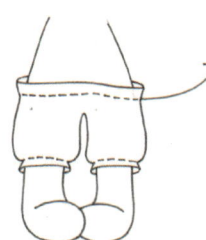

③ 바지를 뒤집어서 허리와 밑단을 홈질한 후 매듭짓지 말고 그대로 실을 달아놓으세요.

④ 바지를 입힌후 실을 쭉 잡아당겨 매듭지어 준 후 허리에 몇 땀 떠서 고정해 주세요.

원피스 만들기

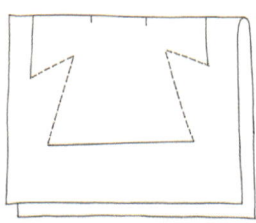
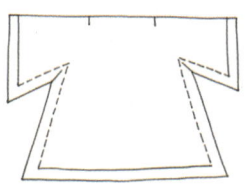
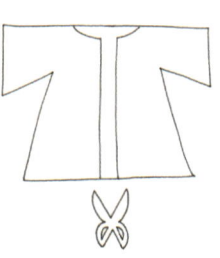

① 원단의 안쪽면에 도안을 그린 후 겉면끼리 마주보게 겹쳐서 홈질해 줍니다.

② 홈질한 원피스를 시접을 남기고 오려준 후 겨드랑이에 가위집을 내줍니다.

③ 뒤집어준 후 목선과 한쪽면의 중앙을 세로로 잘라주세요.

 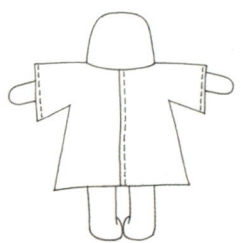 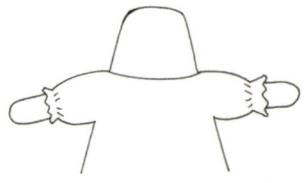

4 소매를 안쪽으로 접어서 홈질하고 매듭짓지 말고 실을 매달아 놓으세요.

5 인형에 옷을 입혀서 안쪽으로 0.7cm 정도 접어서 홈질해 줍니다.

6 소매는 팔 굵기에 맞게 주름 잡아 매듭지어 주세요.

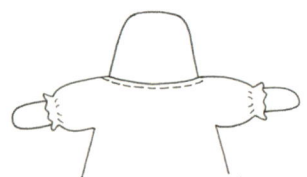 

7 목선도 살짝 안쪽으로 접어서 홈질한후 목둘레에 맞춰 주름지어 매듭짓습니다.

8 치마단도 안쪽으로 접어 홈질해 줍니다.

앞치마 만들기

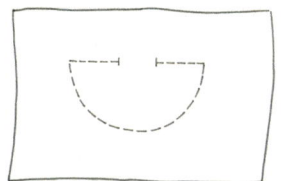  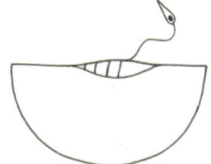

1 흰색 원단에 도안을 그린 후 겉면끼리 마주보게 겹쳐서 홈질해 줍니다.

2 시접을 남기고 오려준 후 가위집을 내줍니다.

3 창구멍을 통해 뒤집어 준 후 공그르기로 마무리해 줍니다.

머리카락 만들기

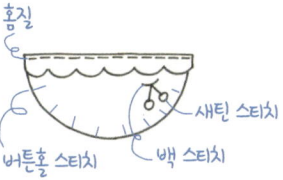   

4 하단은 버튼홀 스티치로 포인트를 주고 레이스를 달거나 자수를 놓아 꾸며줍니다.

1 머리에 헤어라인을 기화성 펜으로 그려줍니다.

2 털실을 넉넉한 길이로 왔다 갔다 겹쳐서 여러 묶음을 만듭니다.

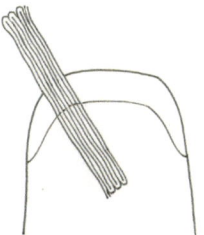 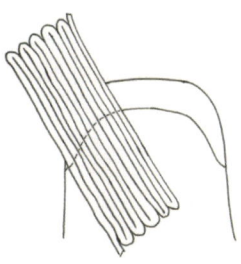 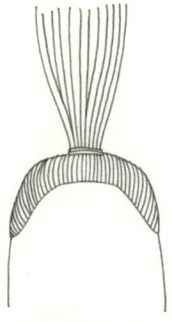

3 털실 묶음을 평평하게 펴주세요.

4 중앙을 헤어라인을 따라 박음질 해 줍니다.

5 헤어라인을 따라 바느질이 끝나면 털실을 모아 머리 중앙에 묶어 줍니다.

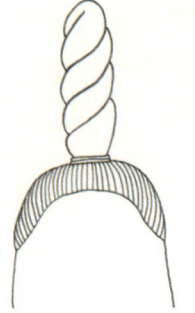

6 묶은 머리를 꽈배기처럼 말아 줍니다.

7 꽈배기처럼 돌린 머리의 끝을 아래쪽 고무줄에 끼워 넣습니다.

8 털실 끝이 삐져나오는 뒷머리쪽은 가위로 정리해 준 후 리본을 붙여 마무리합니다.

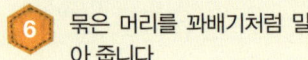

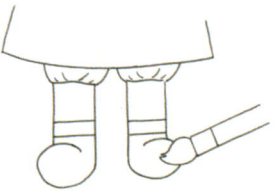

1 펜으로 얼굴을 그려줍니다. 속눈썹 두 가닥은 동그라미의 매력 포인트에요.

2 흰색 아크릴 물감으로 눈동자를 찍어주고 색연필이나 화장품으로 볼을 발그레하게 표현해 줍니다.

3 아크릴 물감으로 신발과 살짝 보이는 양말을 색칠해 줍니다.

사람인형
12

"미소 소녀 동그라미"

볼륨 있는 묶음머리가 포인트인 소녀 인형이에요.
기본 원피스에 곰 인형을 달고 다니는 동그라미 미소 소녀를 만들어 보세요.

미소 소녀 동그라미

준비물

도안 : 268 페이지

주재료
- ☐ 30수 평직 살색 원단
- ☐ 털실 ☐ 퀼트 원단

부재료
- ☐ 솜 ☐ 펜
- ☐ 색연필 ☐ 물감 등

실
- ☐ 흰색

확인하기

난이도 : ★★☆☆☆
예상 재료비 : 1만원
예상 제작 시간 : 5시간
작품 크기 : ??cm

바디 만들기

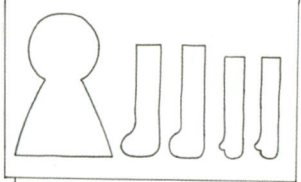

1 살색 원단을 겉면끼리 마주보게 겹쳐서 도안을 그립니다.

2 창구멍을 제외하고 홈질합니다.

3 바느질선에서 0.7cm 정도 여유를 두고 오려 준 후 가위집을 내 줍니다.

4 창구멍을 통해 인형을 뒤집어 준 후 솜을 채워 줍니다.

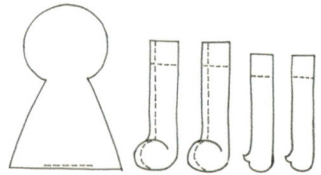
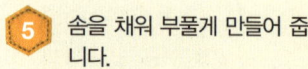

5 솜을 채워 부풀게 만들어 줍니다.

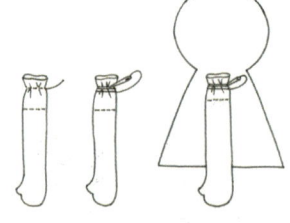

6 창구멍을 공그르기로 막아 줍니다.

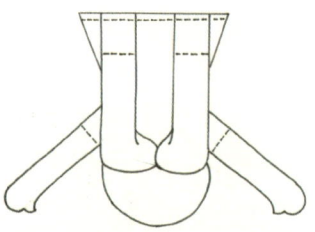

7 팔다리의 바느질 선은 홈질해 줍니다.

속바지 만들기

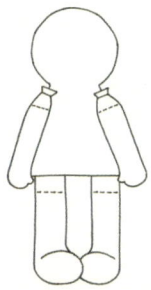
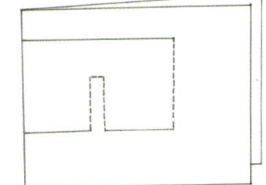
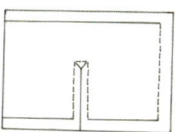

8 팔은 감칠질로 다리는 박음질로 몸통에 꿰매어 줍니다.

1 원단의 안쪽 면에 도안을 그린 후 겉면끼리 마주보게 겹쳐서 홈질해 줍니다.

2 0.5cm 정도 여유를 두고 오린 후 가랑이 사이를 Y자로 잘라주세요.

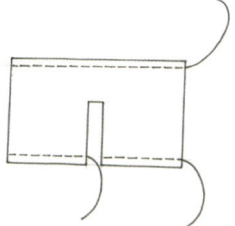
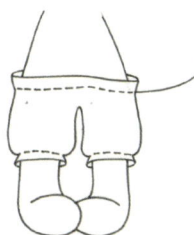

3 바지를 뒤집어서 허리와 밑단을 홈질한 후 매듭짓지 말고 그대로 실을 달아놓으세요.

4 바지를 입힌 후 실을 쭉 잡아당겨 매듭지어 준 후 허리에 몇 땀 떠서 고정해 주세요.

원피스 만들기

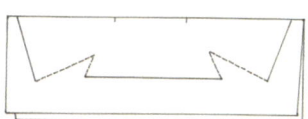

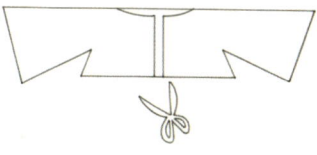

1 원단의 안쪽 면에 도안을 그린 후 겉면끼리 마주보게 겹쳐서 홈질해 줍니다.

2 홈질한 상의를 시접을 남기고 오려 준 후 겨드랑이에 가위집을 내 줍니다.

3 뒤집어 준 후 한쪽 면의 중앙을 세로로 잘라 주세요.

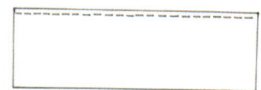

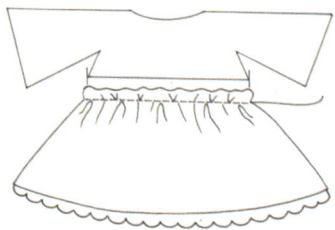

4 치마 원단을 재단한후 상단 0.5cm 위치에 홈질해 실을 잡아당겨 주름을 잡아 줍니다.

5 속치마 밑단에 레이스를 홈질로 연결해 줍니다.

6 주름잡은 치마 허리 부분을 상의의 가로 길이에 맞춰서 매듭지어 줍니다.

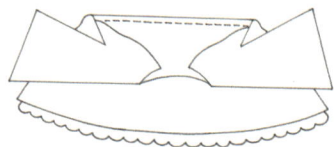
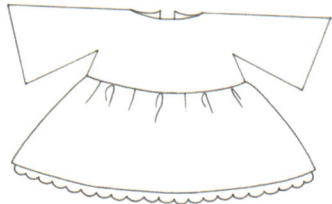
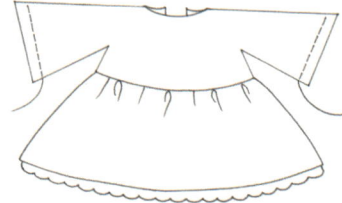

7 상의와 치마의 허리 부분을 겉면끼리 마주보게 겹치고 치마 위에 속치마까지 겹쳐서 박음질 해 줍니다.

8 바느질이 끝나면 상의를 위로 올려주면 원피스 형태가 나옵니다.

9 상의의 소매를 안쪽으로 접어서 홈질하고 매듭짓지 말고 실을 매달아 놓으세요.

10 인형에 옷을 입혀서 안쪽으로 0.7cm 정도 접어서 홈질해 줍니다.

11 목선도 살짝 안쪽으로 접어서 홈질한 후 목둘레에 맞춰 주름지어 매듭지어 줍니다.

12 치마단도 안쪽으로 접어 홈질해 줍니다. (속치마의 레이스가 적당히 보이도록 치마단을 접어 주세요.)

머리카락 만들기

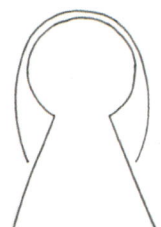

1 털실 한 가닥을 머리에 대고 적당한 길이를 정합니다.

2 그 길이만큼 왔다갔다 겹친 후 가운데를 묶어 여러 개를 만듭니다.

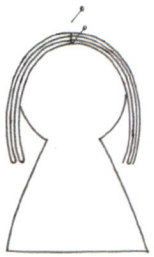

3 털실을 머리에 올려놓고 시침 핀으로 살짝 고정을 합니다.

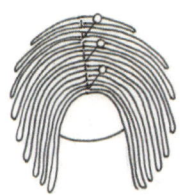

4 중심선을 몇가닥씩 박음질로 꿰매어 줍니다.

5 앞머리도 털실 세묶음을 이마에 감침질해서 고정해 준 후 앞으로 모아줍니다.

6 전체 털실을 반으로 나눠서 땋은 털실과 함께 각각 양쪽 귀의 위치에 꿰매 고정시켜 줍니다.

7 머리 밑 부분을 볼륨감있게 묶어줍니다.

리본 만들기

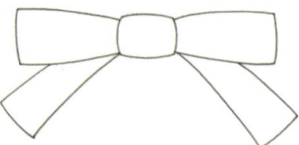

1 원단 겉면끼리 마주보게 놓고 창구멍을 제외하고 홈질합니다.

2 창구멍을 통해 뒤집은 후 공그르기로 마무리 합니다.

3 리본 모양으로 묶어서 풀리지 않도록 가운데를 꿰매어 주세요.

마무리하기

4 인형 머리에 꿰매거나 글루건을 붙여 고정합니다.

1 펜으로 얼굴을 그려줍니다. 속눈썹 두가닥은 동그라미의 매력포인트에요. 흰색 아크릴 물감으로 눈동자를 찍어주고 색연필이나 화장품으로 볼을 발그레하게 표현해 줍니다.

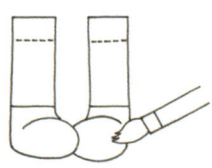

2 아크릴 물감으로 신발을 색칠 해 줍니다.

곰 만들기

1 흰색 원단에 도안을 그린 후 두 장을 겹쳐서 창구멍 없이 홈질해 줍니다.

2 가위집을 내 줍니다. (신축성이 좋은 원단은 꺾인부분만 내 줘도 괜찮아요.)

3 목 부분에 가로로 창구멍을 내어 뒤집어 줍니다. 솜을 넣고 창구멍을 꿰매어 줍니다.

4 수실로 눈, 코, 입을 수놓아 줍니다. 매듭은 목 부분에 해 줍니다.

5 목에 조각천을 둘러 주고 브로치 핀을 붙여 완성합니다.

사람인형 **13**

"봄 소녀 레이나"

가방을 메고 봄나들이 가는 소녀예요.
블라우스와 스커트, 리본 달린 신발까지 화사한 패션을 직접 만들어 보세요.

바디 만들기

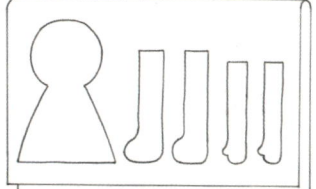

① 살색원단을 겉면끼리 마주보게 겹쳐서 도안을 그립니다.

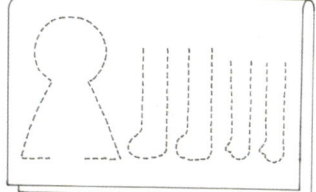

② 창구멍을 제외하고 홈질합니다.

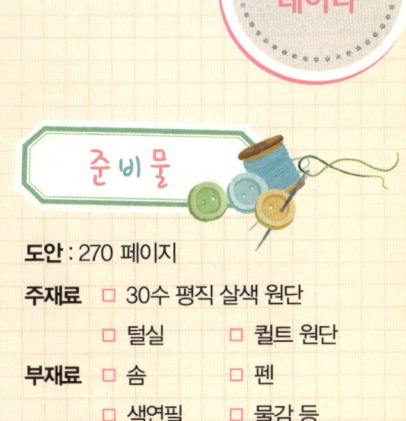

봄 소녀 레이나

준비물

- **도안** : 270 페이지
- **주재료** : ☐ 30수 평직 살색 원단
  - ☐ 털실   ☐ 퀼트 원단
- **부재료** : ☐ 솜   ☐ 펜
  - ☐ 색연필   ☐ 물감 등
- **실** : ☐ 흰색

확인하기

- **난이도** : ★★☆☆☆
- **예상 재료비** : 1만원
- **예상 제작 시간** : 5시간
- **작품 크기** : 약 16cm

③ 바느질 선에서 0.7cm 정도 여유를 두고 오려 준 후 가위집을 내 줍니다.

④ 창구멍을 통해 인형을 뒤집어 준 후 솜을 채워 줍니다.

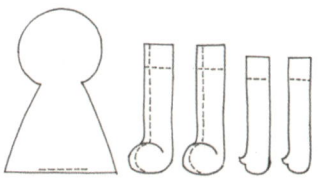

⑤ 솜을 채워 부풀게 만들어 줍니다.

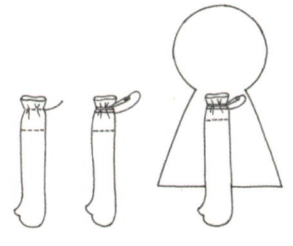

⑥ 창구멍을 공그리기로 막아 줍니다.

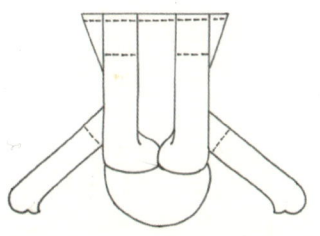

⑦ 팔다리의 바느질 선은 홈질해 줍니다.

속바지 만들기

8 팔은 감칠질로 다리는 박음질로 몸통에 꿰매어 줍니다.

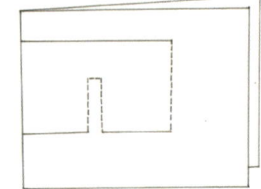

1 원단의 안쪽 면에 도안을 그린 후 겉면끼리 마주보게 겹쳐서 홈질해 줍니다.

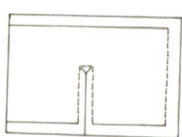

2 0.5cm 정도 여유를 두고 오린 후 가랑이 사이를 Y자로 잘라주세요.

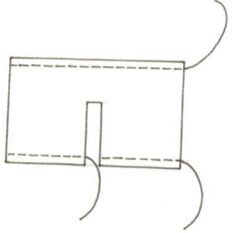

3 바지를 뒤집어서 허리와 밑단을 홈질한 후 매듭짓지 말고 그대로 실을 달아놓으세요.

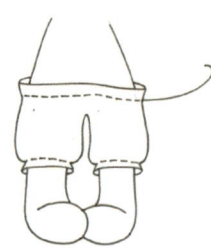

4 바지를 입힌후 실을 쭉 잡아당겨 매듭지어 준 후 허리에 몇 땀 떠서 고정해주세요.

상의 만들기

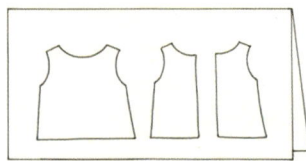

1 원단의 안쪽 면에 도안을 그려 줍니다.

2 그려진 도안에서 시접을 남기고 재단해 줍니다.

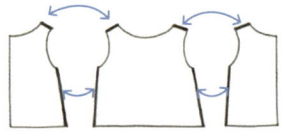

3 두꺼운 선 부분이 겹쳐지게 놓아 줍니다.

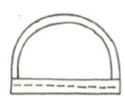
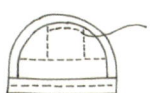

4 점선 바느질을 따라 앞면과 뒷면을 홈질해 줍니다.

5 블라우스 소매의 끝단을 접어 홈질합니다.

6 블라우스 소매의 어깨 중심을 홈질 합니다.

7 어깨 부분의 주름을 잡아 줍니다.

8 반을 접어서 홈질해 줍니다.

9 소매 부분에 가위집을 내줍니다.

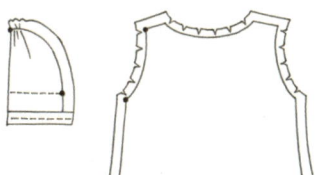
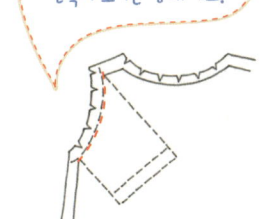
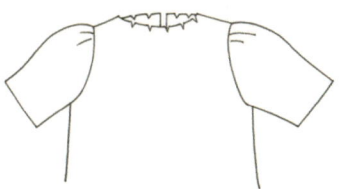

블라우스와 소매 모두 원단 안쪽이 보이는 상태에요.

10 블라우스 소매와 블라우스 몸통 부분을 맞춰서 소매를 블라우스 안에 넣어 시침핀으로 고정해 줍니다.

11 박음질로 연결해 줍니다.

12 바느질이 끝난 후 뒤집어 줍니다.

 치마 만들기

13 블라우스 밑단, 목선의 시접을 안쪽으로 접어 홈질해 줍니다.

14 인형에 입힌 후 뒤쪽을 안쪽으로 접은 후 홈질해 마무리해 줍니다.

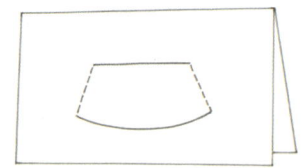

1 원단의 안쪽 면에 도안을 그린 후 겉면끼리 마주보게 겹쳐서 옆선을 홈질해 줍니다.

2 시접을 남기고 오린 후 가위집을 내 줍니다.

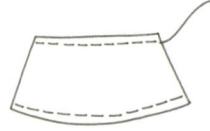

3 뒤집은 후 치마 밑단을 0.5cm 안쪽으로 접고 홈질한 후 허리단도 안쪽으로 접어 홈질해 실을 매달아 둡니다.

4 인형에 입혀서 허리에 맞게 주름 잡아 준 후 몇 땀 꿰매서 허리에 고정해 줍니다.

머리카락 만들기

1 털실을 넉넉한 길이로 왔다 갔다 겹쳐서 여러 묶음을 만듭니다.

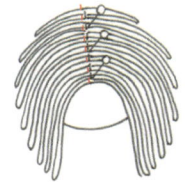

2 털실을 머리에 올려놓고 중심선을 몇 가닥씩 박음질로 꿰매어 줍니다.

3 전체 털실을 반으로 나눠서 각각 양쪽 귀 위치에 꿰매 고정해 줍니다.

4 묶은 머리의 중간 중간을 볼륨감있게 묶어서 연출해 줍니다.

5 앞머리도 적당한 길이로 털실을 왔다갔다 겹쳐서 다섯 묶음을 만듭니다.

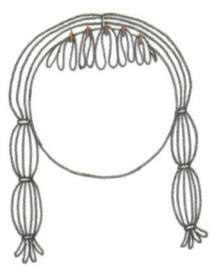

6 이마 부분에 묶음의 중간을 꿰매어 고정한 후 손으로 잘 정리해 줍니다.

가방 만들기

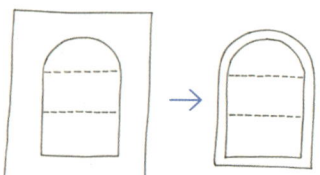 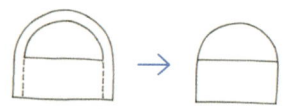 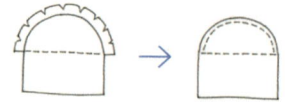

1 도안을 그린 후 0.5cm 시접을 두고 재단합니다.

2 접는 선에 맞춰 접어서 양쪽 세로 선을 홈질한 후 뒤집어 줍니다.

3 커버의 시접에 가위집을 낸 후 안쪽으로 접어 홈질합니다.

 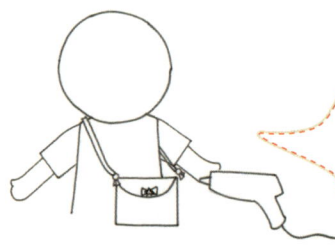

4 커버에 조각천과 단추로 꾸며 줍니다.

5 3mm 굵기의 샤무드 끈을 글루건으로 고정해서 달아 줍니다.

> 끈은 한쪽만 달고 인형에 자리를 잡은 후 나머지 한쪽을 달아주세요. 인형 머리가 커서 끈을 다 고정한 후엔 메기가 어려워요.

신발 리본 만들기

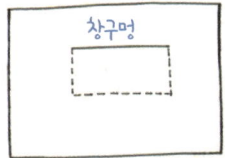 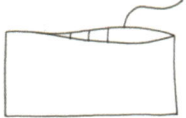  

1 원단 겉면끼리 마주보게 놓고 창구멍을 제외하고 홈질 합니다.

2 시접을 남기고 오린 후 창구멍을 통해 뒤집은 후 공그르기로 마무리 합니다.

3 가운데를 홈질한 후 실을 잡아당겨 주름잡아 줍니다.

마무리하기

1 단추를 꿰매어 눈을 표현하고 펜으로 속눈썹과 입을 그려 줍니다.

2 색연필이나 화장품으로 볼을 발그레하게 표현해 줍니다.

3 아크릴 물감으로 신발을 색칠 해 준 후 만들어 놓은 리본을 붙여 줍니다.

둘러보면 도움되는 이웃 블로거 ❻

"프렌"의 달콤한 인형이야기 hello my pren

★ 블로그주소 : http://blog.naver.com/i_applegirl
★ 제작 카테고리 : 패브릭 인형, 아기 인형, 니들 펠트, 핸드메이드 소품
★ 특징 : 귀엽고 사랑스러운 핸드메이드 인형과 달콤한 장난감

달콤한 동화 속 세상을 꿈꾸는 프렌은 겨울을 가장 좋아한다. 소리 없이 내리는 하얀 눈, 뽀드득 눈 밟는 소리, 따끈한 밀크티, 치즈케이크 한 조각, 마법에 걸린 호두까기 인형, 크리스마스... 사랑과 설렘이 가득한 계절... 그녀가 겨울을 좋아하는 이유이다. 그녀의 작품들도 겨울을 닮았다. 포근포근 달콤하고 사랑스러운 이야기가 가득한 그녀만의 세상을 소개한다.

블링블링 고양이 소녀

크리스마스에 눈이 내리면

마이 프린세스

바느질할 때가 제일 행복하다는 프렌! 마음속으로 그리고 생각한 인형이 세상 밖으로 태어날 때면 정말 멋진 꿈을 꾸는 것만 같다고 말하는 그녀. 그녀의 인형들을 바라보고 있으면 동화 속 이야기를 소근소근 들려주는 것만 같다. 그녀가 직접 디자인하고 만든 다양한 인형들은 그녀만의 알록달록한 색감을 자랑한다.

달콤한 케익

동글동글 산타

블링블링 프렌걸

알록달록 봄 친구들

귀여운 동물 친구들

프렌에게는 하루하루를 반짝반짝 빛나게 만들어 주는 특별한 딸이 있다. 사랑스러운 딸이 태어난 후 그녀의 작품에도 작은 변화가 생겼다. 어디에서도 구할 수 없는 내 아이만을 위한 인형 소중한 아이가 마음껏 가지고 놀수 있는 부드러운 인형을 만들게 되었다.

안아줘요 곰돌이&토끼씨

엄마가 직접 만들어 준 인형을 꼭 안고 행복해 하는 그녀의 사랑스러운 딸

달콤한 그녀만의 감성공간

프렌은 한강이 보이는 작은 방을 그녀의 작업실로 꾸몄다. 이 공간은 그녀뿐 아니라 딸도 매우 좋아하는 공간이란다. 엄마의 작업이 늘 신기한 딸 하은이는 이곳에서 엄마와 많은 것을 함께 한다. 그녀와 그녀의 딸이 함께 꿈꾸는 작지만 특별한 공간에서 많은 작품들이 오늘도 탄생하고 있다.

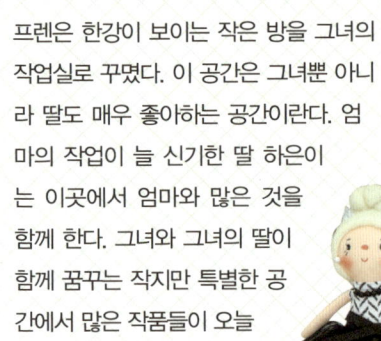

엄마의 책상은 하은이의 신나는 놀이터

사랑스런 프렌돌

딸기초코&민트커피

미니 땡땡이 마우스

2013년 좋은 사람들과 함께한 [수작모드] 전시회

그런 그녀가 혼자서 꼼지락거리던 인형을 직접 선보이고 많은 사람들과 소통할 수 있는 전시회를 했다. "좀 더 준비하지 못한 아쉬움이 많이 남지만 정말 설레고 멋진 경험이었죠."라고 말하는 그녀, 앞으로도 다양한 전시회를 통해 사랑스러운 그녀의 인형을 만날 수 있기를 기대해 본다.

변태인형 응삼씨와 니들펠트로 만든 낙타인형 불낙이

둘러보면 도움되는 이웃 블로거 ❼

"피츄"의 헐렁한 나날들

* **블로그 주소** : http://hkkwon0304.blog.me
* **주요 카테고리** : 핸드메이드 인형, 니들 펠트, 손뜨개, 미니어처, 웹툰
* **특징** : 개성 가득한 핸드메이드 인형과 소품을 소개하고 있으며 일상이야기를 담은 웹툰을 연재하고 있다.

웃음이 묻어나는 인형이야기가 가득한 피츄의 블로그를 소개한다. 블로그 이름 '헐렁한 나날들'에서 알 수 있듯 피츄가 만드는 인형들은 무언가 어설프고 헐렁하다. 하지만 술 취한 인형, 귀신 인형, 할머니 인형 등 누구도 생각하지 못한 개성 강한 인형을 보고 있노라면 어느 샌가 그녀만의 엉성하고 엉뚱한 매력에 푹 빠져들게 된다.

시골 파밭으로 놀러간 컨트리 인형

피츄의 대표적인 인형 '곤드레 만드레 씨'. 술에 취한 콘셉트의 인형을 만들고 곱창 집에서 함께 소주에 맥주를 말아 마시며 회식을 즐길 생각을 어느 누가 할 수 있을까? 다양한 콘셉트의 인형을 보는 재미와 함께 이번엔 어떻게 사진을 찍어서 인형을 소개할까를 보는 것도 피츄의 블로그를 보는 또 하나의 즐거움이다.

곤드레만드레씨

안녕! 나는 사다코야

미니어쳐 텔레비전에서 탈출을 시도하는 영화 '링'의 주인공 사다코

앙증맞은 크기의 미니어처 집

손뜨개 인형 노랑 곰돌이

커플인형 청춘&청춘

미리 도안 작업을 하지 않고 즉흥적으로 광목천에 그림을 그려서 완성하는 그녀의 작업 스타일은 누구나 인형을 쉽게 만들 수 있다는 용기를 갖게 한다. 인형을 만들어 보고 싶지만 시작하기가 어렵게 느껴진다면 결과물보다는 만드는 과정에서 즐거움을 찾는 피츄의 블로그를 방문해 봐도 좋을 것이다.

손뜨개, 니들 펠트, 미니어처 등... 다양한 도전을 하며 그 안에 자신만의 개성을 담아내는 피츄의 다음 작품은 어떤 것이 될지 벌써부터 궁금해진다.

니들펠트로 만든 동물친구들

손과 무릎에 자석을 넣어 다양한 포즈가 가능한 인형 '응삼씨'

광목천에 즉흥적으로 그려내는
그녀의 작업물은 즉흥적인 만큼 해학적이고
재미있는 결과물이 많다.

둘러보면 도움되는 이웃 블로거 ❽

"알파카"의 ALPACA STUDIO

★ 블로그 주소 : http://www.blog.naver.com/mari1984
★ 제작 카테고리 : 손뜨개 소품, 도일리, 인형, 미니어처, 핸드메이드
★ 특징 : 섬세하고 다채로운 색상의 핸드메이드 작품 및 영국의 일상 이야기를 소개하는 블로그

이름만큼 포근함이 느껴지는 'ALPACA STUDIO' 블로그는 그녀만의 다채로운 색감으로 가득한 공간이다. 섬세한 감성으로 자신만의 아기자기한 작품들을 선보이는 그녀의 핸드메이드 작품들은 누구나 쉽게 공감할 수 있는 매력이 있다. ALPACA STUDIO를 통해 오리지널 손뜨개 인형과 도일리, 소품들 뿐만 아니라 미니어처, 자수, 슈가 크래프트 등 그녀만의 사랑스러운 작품들을 엿볼 수 있다. 원색과 파스텔톤을 과감하고 자유롭게 사용하는 그녀의 작품들은 보는 사람들의 눈을 행복하게 만들어 준다.

코바늘 아란모자

창작부엉이 커플인형

그래니스퀘어 모티브 쿠션

그녀의 대표적인 작품들은 따뜻하고 포근한 손뜨개 작품들이다. 그녀가 창작한 오리지널 인형들뿐 아니라 일상 생활에서 직접 사용할 수 있는 알록달록하고 예쁜 소품들을 보면 누구나 한 번쯤 따라서 만들어보고 싶은 마음이 생기는 것은 당연한 일일 것이다. 특히 뛰어난 칼라 조합 감각과 작품의 높은 완성도 덕분에 그녀의 블로그에는 방문객들의 발길이 끊이질 않는다.

창작 러시아인형 트리오

아이리쉬 도일리

여러 가지 도일리들

창작 알파카 커플 인형

손뜨개 이외에도 실물의 12분의 1사이즈로 만드는 그녀의 정교한 미니어처들은 감탄이 절로 나온다. 작지만 세밀한 그녀의 앙증맞은 작품들은 보는 사람들의 눈을 의심케 할 정도이다. 현재 그녀는 영국왕립예술학교(Royal College of Art)에 다니고 있는 디자이너 남편과 함께 영국 런던의 첼시에서 생활하고 있다. 간간히 소개해주는 영국의 일상 생활 이야기와 영국의 핸드메이드 잡지, 전시회 소식들 또한 그녀의 블로그에서 빼놓을 수 없는 즐거움 중 하나이다.

정교함이 느껴지는 미니어처 서재. 테이블 위의 동전보다 작은 자수 또한 그녀가 직접 제작했다고 한다.

동전보다 작은 점토 미니어처 케이크와 빵들은 보기만 해도 군침이 흐른다.

포근해 보이는 미니어처 거실, 따뜻하고 아늑한 느낌이 그대로 전해진다.

작업 엿보기

코바늘 손뜨개 장미 쿠션 만들기

코바늘로 뜬 모티브를 이용해 집안 인테리어를 손쉽게 바꿀 수 있는 손뜨개 장미 쿠션을 만들어 보는 건 어떨까요?

1 준비물: 털실 3볼, 코바늘5호, 돗바늘, 쪽가위, 쿠션을 만들 천과 솜.

2 먼저 장미색 털실을 이용해 입체 장미꽃 모티브를 만든다.

3 연두색 실을 장미꽃 가장자리에 연결한다.

4 사각 모티브가 되도록 나뭇잎 모양을 떠준다.

5 이어서 진한 하늘색 실로 가장자리를 떠주면 모티브 1장이 완성된다.

6 같은 방식으로 총 9개의 모티브를 떠준다.

7 완성된 모티브들을 이어주기 위해 돗바늘을 준비한다.

8 두 면을 대칭이 되도록 위치를 잡고 감침질을 한다.

9 꼼꼼하게 2면을 한 코, 한 코 연결한다.

10 같은 방식으로 9개의 모티브들을 가로, 세로 감침질하여 연결해 준다.

11 연결된 모티브의 가장 가장자리를 짧은 뜨기를 이용해 마감해 준다.

12 모티브와 가로, 세로가 같은 사이즈인 쿠션을 준비한다. 단, 모티브를 붙일 면은 흰색 천으로 하고, 뒷면은 무늬가 들어간 천으로 준비한다.

13 실을 이용해 흰색 면에 모티브를 꿰매 준다.

14 간단하게 손뜨개 장미 쿠션이 완성된다.

15 집안 인테리어 소품 등으로 다양하게 활용한다.

알록달록한 양말 한 짝, 한 켤레로도 인형을 만들 수 있어요. 양말 인형은 요즘 가장 인기있는 핫한 아이템이에요. 양말 모양을 이용한 인형이라 약간의 바느질로도 개성만점 인형이 탄생한다는 사실! 안 신고 고이 모셔져 있는 양말이 있다면 예쁜 인형으로 만들어 보세요.

Special Page
헌 양말을 이용한 양말 인형 만들기

양말 인형 01

"땡그리 몬스터"

약간의 바느질로도 뚝딱 만들 수 있는 초보자용 양말 인형이에요.
땡글땡글 귀여운 몬스터를 만들어 보세요.

땡그리 몬스터

준비물

도안 : 271 페이지

주재료	☐ 양말 한 짝	
부재료	☐ 검정 단추	☐ 고무줄
	☐ 솜	
	☐ 약간의 펠트지	
실	☐ 흰색	

확인하기

난이도 : ★☆☆☆☆

예상 재료비 : 1천 원 내외

예상 제작 시간 : 30분

작품 크기 : 성인 여성용 양말 사용 시 묶음 머리 제외 세로 약 21cm

색이 다양하거나 무늬가 화려할수록 귀여운 몬스터 인형이 만들어질 수 있답니다.

1 양말 한 짝을 뒤집어 몬스터 다리 모양 도안을 그려 줍니다.

오린 양말 조각은 버리지 마세요. 이걸로 팔을 만들어 줄 거예요.

2 바느질 선에 맞추어 촘촘하게 홈질 후 약간의 시접 여유를 두고 오려 줍니다.

넣는 솜의 양에 따라 몬스터 인형의 몸매가 많이 달라져요. 원하는 몸매로 만들되, 솜이 뭉치지 않게 조금씩 골고루 넣어 주세요.

3 양말의 발목 쪽을 통해 뒤집어 줍니다.

4 발목을 통해 솜을 채워 넣어 줍니다.

5 얼굴이 되는 발뒤꿈치는 볼록한 모양이 되도록 솜을 넣어 주세요.

6 발뒤꿈치 위를 고무줄로 묶어 주면 몬스터의 머리도 완성됩니다.

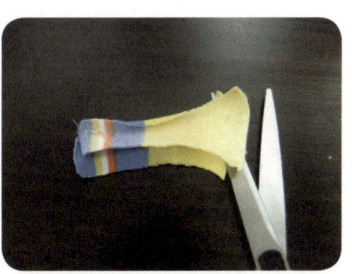

7 다리를 만들면서 오려 놓았던 양말 조각을 반 잘라 줍니다.

8 양말 천의 특성상 말리는 것은 시접 처리 없이 그 상태로 그대로 사용할 거예요.

9 양팔을 몸통에 바느질로 꿰매어 고정해 줍니다. 글루건을 이용해도 됩니다.

펜 대신 스티치로 해주면 더 예쁩답니다.

10 얼굴 부분에 단추를 붙이고 펜으로 개구쟁이 몬스터의 얼굴을 그려 완성합니다.

[+] 활용 하기

고무줄로 묶은 양말 발목 부분으로 모자도 표현해줄 수도 있어요. 다양한 스타일로 연출해 보세요.

[+] 아이들 솜씨

홈질만 조금 하면 완성이 가능한 몬스터 양말 인형은 아이들도 쉽게 만들 수 있어요. 아이와 처음 함께하는 바느질 시간에 어울리는 아이템이에요. 신축성이 좋아 뒤집는 것도 쉽고 솜 넣는 과정도 즐거워한답니다. 다 만든 후엔 나만의 인형으로 개성 있게 꾸며보게 하고 인형에 대해 엄마와 아이가 이야기를 나누는 시간도 가져 보세요.

양말 인형 02

"날고 싶은 아기 부엉이"

양말 한 짝으로 간단히 만들 수 있는 귀여운 부엉이 인형이에요.
여러 마리 만들어 창가에 쪼르륵 앉혀 놓아도, 천장에 줄로 매달아 놓아도 예쁘답니다.

날고 싶은 아기 부엉이

준비물

- **도안** : 271 페이지
- **주재료** ☐ 양말 한 짝
- **부재료** ☐ 펠트(흰색) 조금
  - ☐ 펠트(노랑) 조금
  - ☐ 펠트(검정) 조금 또는 검정 단추
  - ☐ 글루건, 솜
- **실** ☐ 흰색

확인하기

- **난이도** : ★☆☆☆☆
- **예상 재료비** : 1천 5백원
- **예상 제작 시간** : 1시간
- **작품 크기** : 성인 여성용 양말 사용 시 세로 약 15cm

1 못 쓰는 양말 한 짝을 준비한 다음 뒤집어 줍니다.

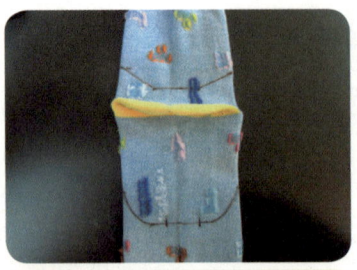

2 도안에 맞추어 부엉이의 뾰족한 귀와 동그란 몸통을 그려 줍니다. 뒤꿈치 부분이 얼굴이 될 거예요.

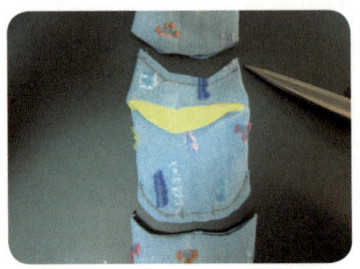

3 창구멍을 제외하고 바느질 선을 따라 촘촘하게 홈질해 준 후 시접 여유를 두고 오려 줍니다. 오린 나머지 부분은 버리지 말고 두세요.

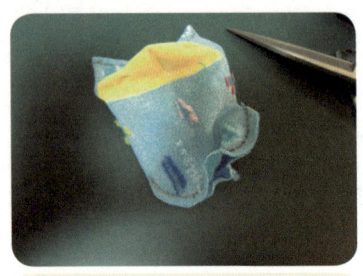

4 창구멍을 통해 부엉이 인형을 뒤집어 줍니다.

> 넣는 솜의 양에 따라 느낌이 달라져요. 양말은 잘 늘어나므로 보다 통통하게 만들려면 솜을 많이 넣어 주세요.

5 창구멍을 통해 솜을 채워 넣습니다. 통통한 몸매가 되도록 양을 조절해 주세요.

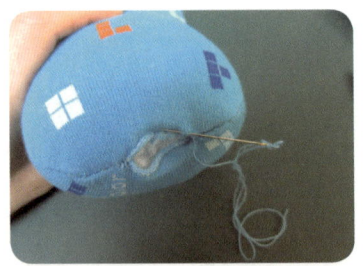

6 솜을 다 채워 넣으면 공그르기로 창구멍을 막아 줍니다.

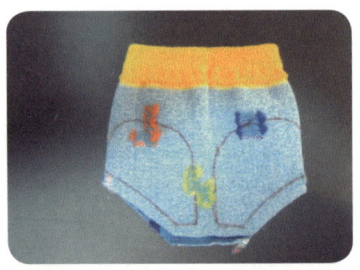

7 잘라 두었던 양말 발목 부분에 도안에 맞추어 날개를 그려 줍니다.

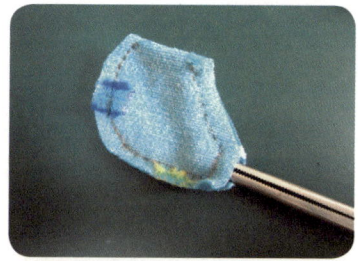

⬡ 8 창구멍을 제외하고 바느질한 후 여유 시접을 두고 오려 줍니다.

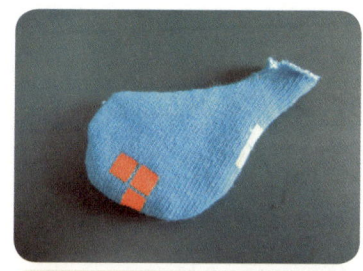

⬡ 9 창구멍을 통해 뒤집어 줍니다. 크기가 작기 때문에 끝까지 안 펴지는 곳 없이 꼼꼼하게 뒤집어 주세요.

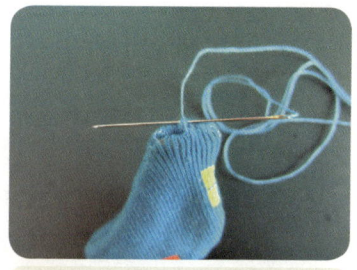

⬡ 10 창구멍을 공그르기로 마무리해 줍니다.

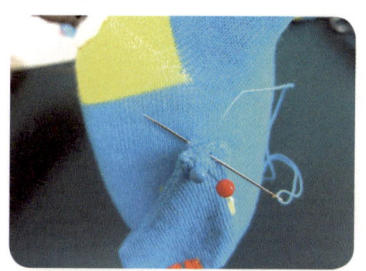

⬡ 11 날개를 몸통 양쪽에 시침핀으로 위치를 잡고, 꿰매어 고정해 줍니다.

⬡ 12 각 색깔의 펠트지에 눈, 눈동자와 부리를 그려 줍니다.

⬡ 13 각각의 펠트지를 오려 줍니다. 부엉이 얼굴의 눈과 부리가 될 위치에 펜으로 살짝 그려 주세요.

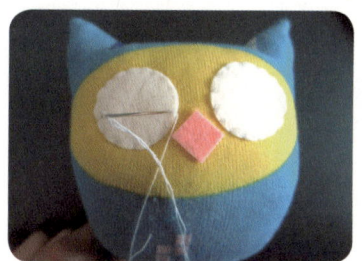

⬡ 14 펠트지를 얼굴에 위치 잡아 아플리케해 줍니다.

⬡ 15 가운데 까만 눈동자까지 붙여 주면 동그리 부엉이가 완성돼요.

[+] 활용하기

양말의 발목 고무줄 부분을 잘라 머리에 끼워 주면 동그리 부엉이의 머리띠로도 만들 수 있어요.

[+] 아이들 솜씨

엄마들이 조금만 도와주면 어린 아이도 충분히 만들 수 있어요. 날개는 펠트지를 오려서 만들어 줘도 좋아요. 부엉이의 기본 형태를 만든 다음에 자투리 재료를 이용해 아이가 마음껏 꾸며 보게 해 주세요. 아이만의 특별한 인형이 탄생한답니다.

양말인형 03

"소풍가는 강아지"

양말 한 켤레로 귀여운 강아지 인형과 모자에 소풍 가방까지 알뜰하게 만들 수 있어요.
자투리 원단과 양말을 이용하여 앙증맞은 소품 만드는 재미를 느껴보세요.

소풍가는 강아지

준비물

도안 : 272 페이지

주재료 ☐ 양말 한 켤레
부재료 ☐ 단추   ☐ 고무줄
         ☐ 솜   ☐ 폼폼이
         ☐ 약간의 펠트지
실   ☐ 흰색

확인하기

난이도 : ★☆☆☆☆
예상 재료비 : 1천 5백원 내외
예상 제작 시간 : 1시간
작품 크기 : 성인 여성용 양말 사용 시 모자 제외 세로 약 19cm

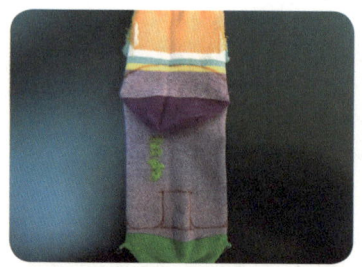

1 양말 한 짝을 뒤집어 도안에 맞게 강아지 몸통을 그려 줍니다.

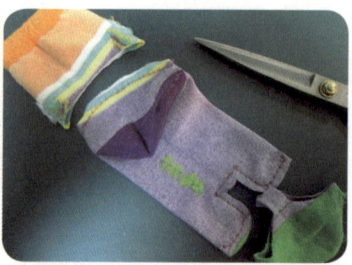

2 바느질 선대로 창구멍을 제외하고 촘촘하게 홈질 후, 약간의 여유 시접을 두고 오려 줍니다.

3 창구멍을 통해 강아지 몸통을 뒤집어 줍니다.

4 창구멍을 통해 솜을 넣어 줍니다. 강아지의 얼굴이 통통해지도록 솜을 많이 넣어 주세요.

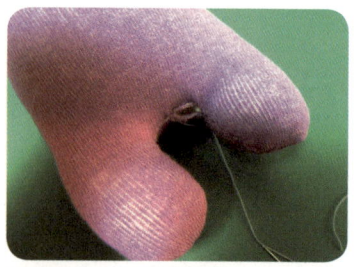

5 창구멍을 공그르기로 막아 줍니다.

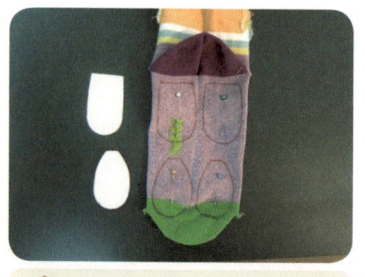

6 다른 쪽 양말을 뒤집어 도안에 맞게 강아지의 팔과 귀를 그려 줍니다.

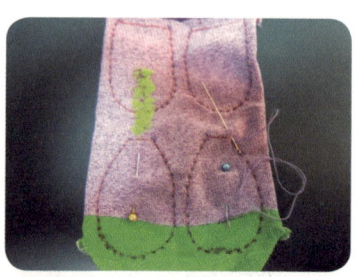

7 창구멍을 제외하고 바느질 선을 따라 홈질을 합니다.

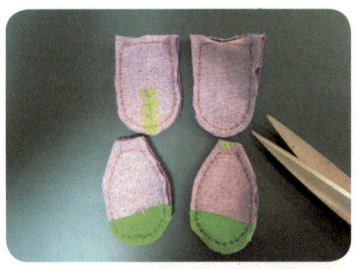

⑧ 여유 시접을 두고 가위를 사용하여 오려줍니다.

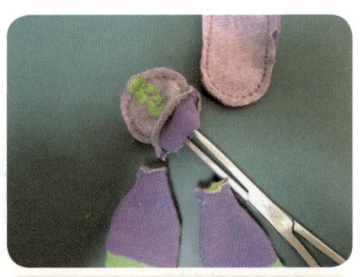

⑨ 각각의 팔과 귀를 뒤집어 줍니다.

⑩ 창구멍을 통해 솜을 넣어 줍니다.

간단하게 하고 싶으면 공그르기를 안 하고 안쪽으로 접어놓기만 해도 되요.

감침질한 팔이 너무 벌어지면 안쪽에 한 땀 꿰매거나 글루건을 살짝 발라 고정해 주면 팔이 앞쪽을 향하게 돼요.

⑪ 팔의 창구멍을 공그르기로 막아줍니다.

⑫ 귀의 창구멍도 같은 방법으로 공그르기로 막아줍니다.

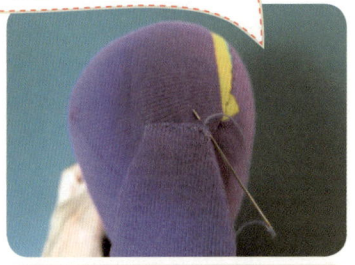

⑬ 귀를 몸에 자리 잡아 감침질해 줍니다.

바느질해서 안에 솜을 넣고 오므려주면 가방이 됩니다.

묶어주면 모자가 됩니다.

⑭ 팔 부분도 자리를 잡아 모두 감침질해서 팔다리를 완성시켜 줍니다.

⑮ 단추와 펠트지로 눈과 코 등 귀여운 강아지의 얼굴을 표현해 줍니다.

⑯ 자투리 양말로 모자와 가방을 만들어 줍니다. 모자는 발목 부분을 고무줄로 묶어 주면 됩니다. 가방은 발끝 부분에 솜을 넣고 끈을 달아 줍니다.

[+] 활용하기

모자가 없어도 귀여운 강아지 인형. 다양함을 위해 모자를 살짝 변형해서 개성 있게 연출해 보세요.

FELT

[+] 아이들 솜씨

초등학교 고학년 정도면 쉽게 만들 수 있어요. 양말 자투리로 다양한 소품을 만들어 보세요.
양말 발목 부분에 팔 넣는 구멍만 뚫어서 입혀 주면 원피스도 가능하답니다.

FELT

1. 네모난 냥이 네임텍

2. 새초롬 다람쥐 카드 케이스

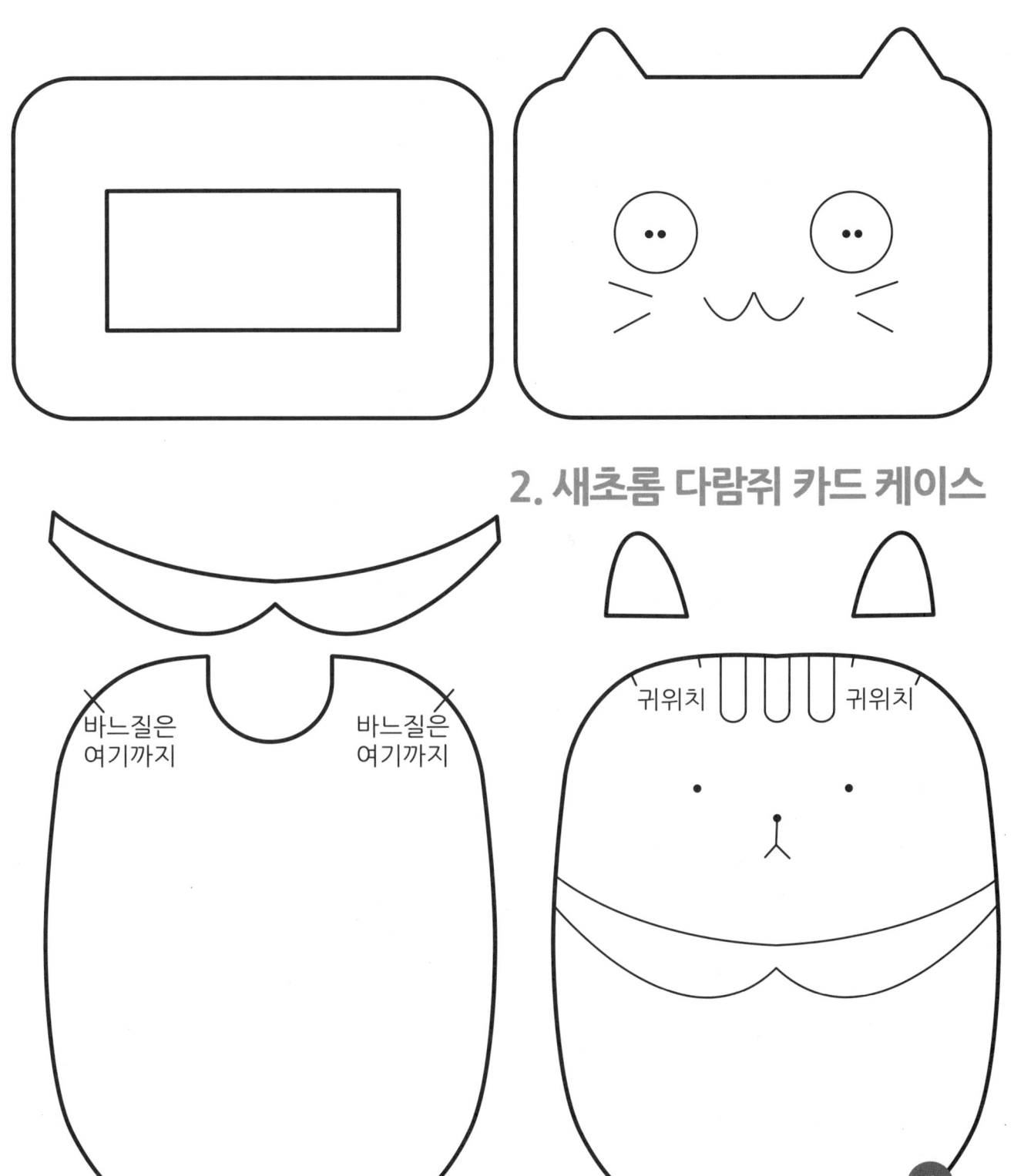

3. 달콤 롤리팝 볼펜

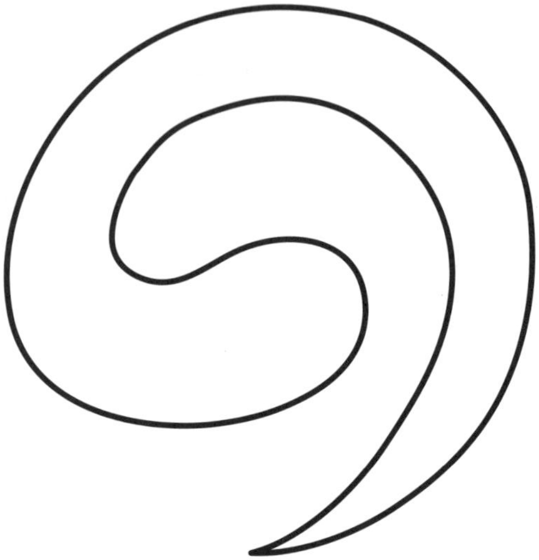

무늬 2장 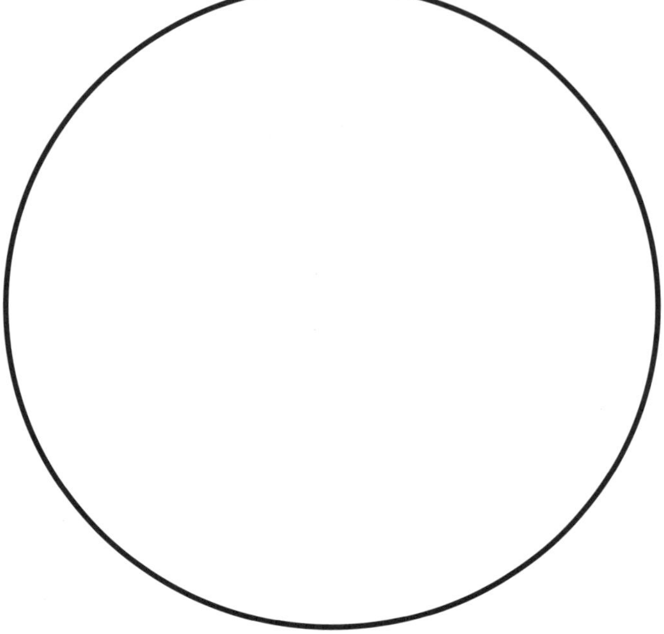　　　　　사탕볼펜 2장

4. 쿠키 모양 핸드폰 인형

쿠키 2장

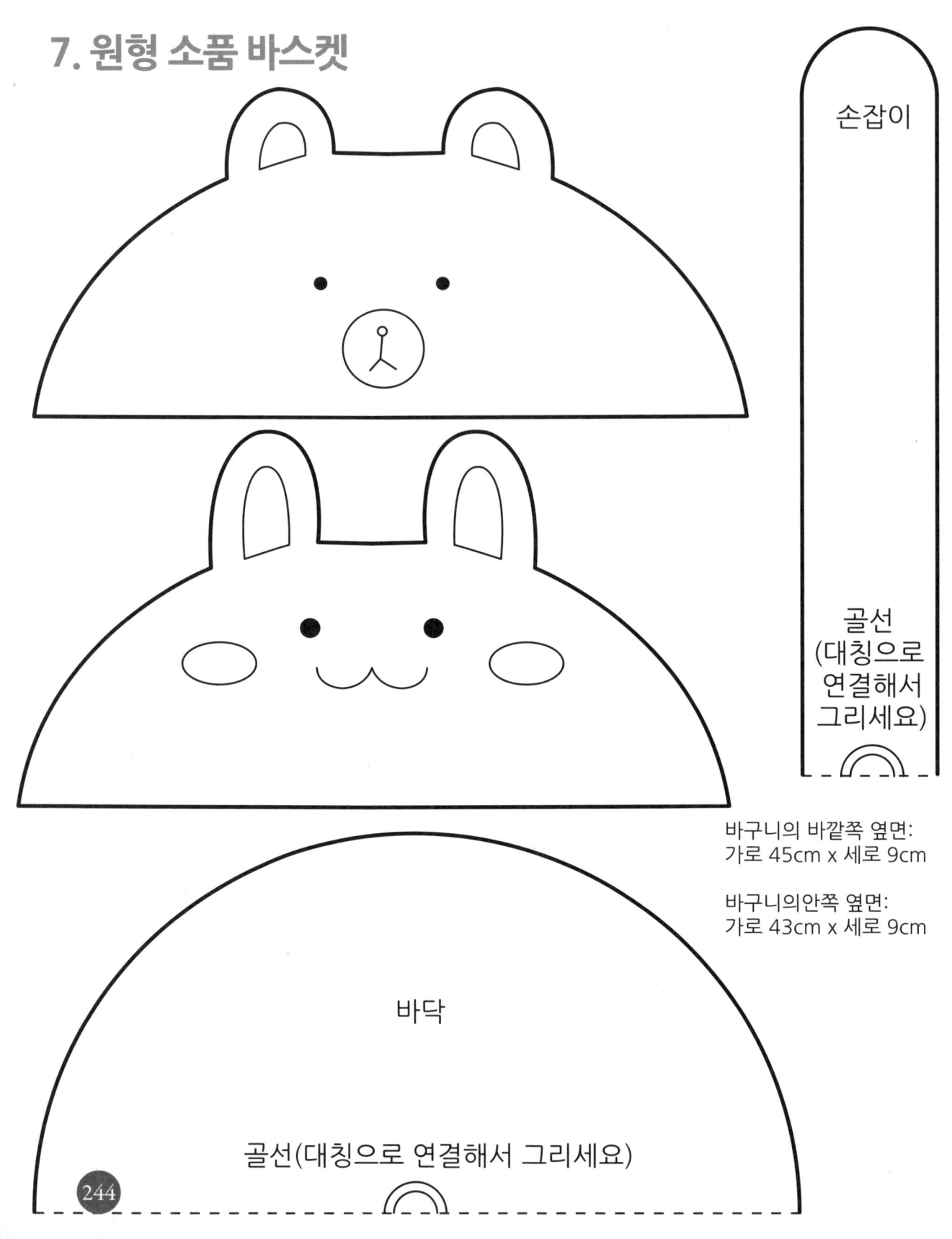

8. 나른한 냥이 사각 액자

고양이

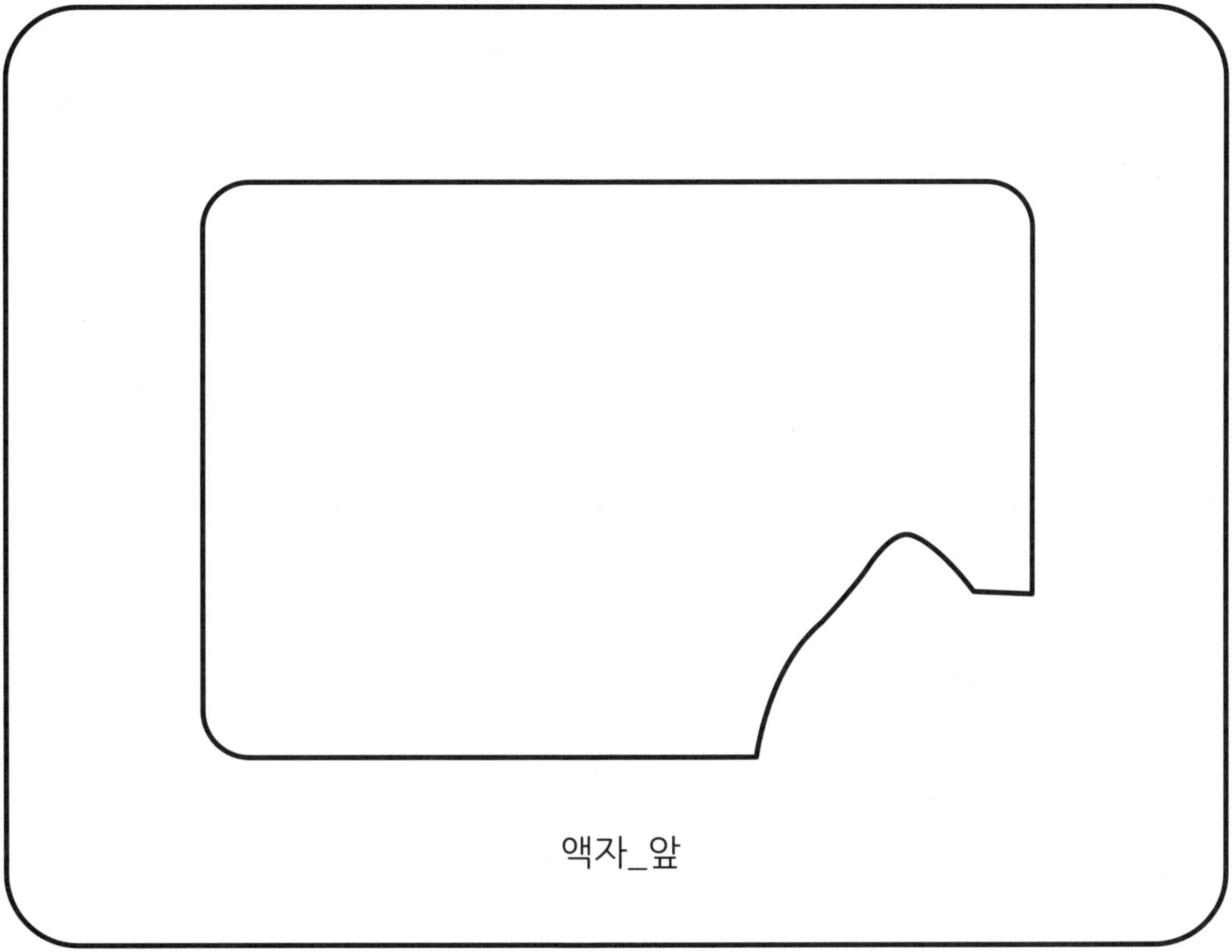

액자_앞

액자 앞의 테두리만 그리면 액자 뒤가 됩니다.

9. 빵실 양 파우치

파우치 원단은 18cm x 26cm로 재단합니다.

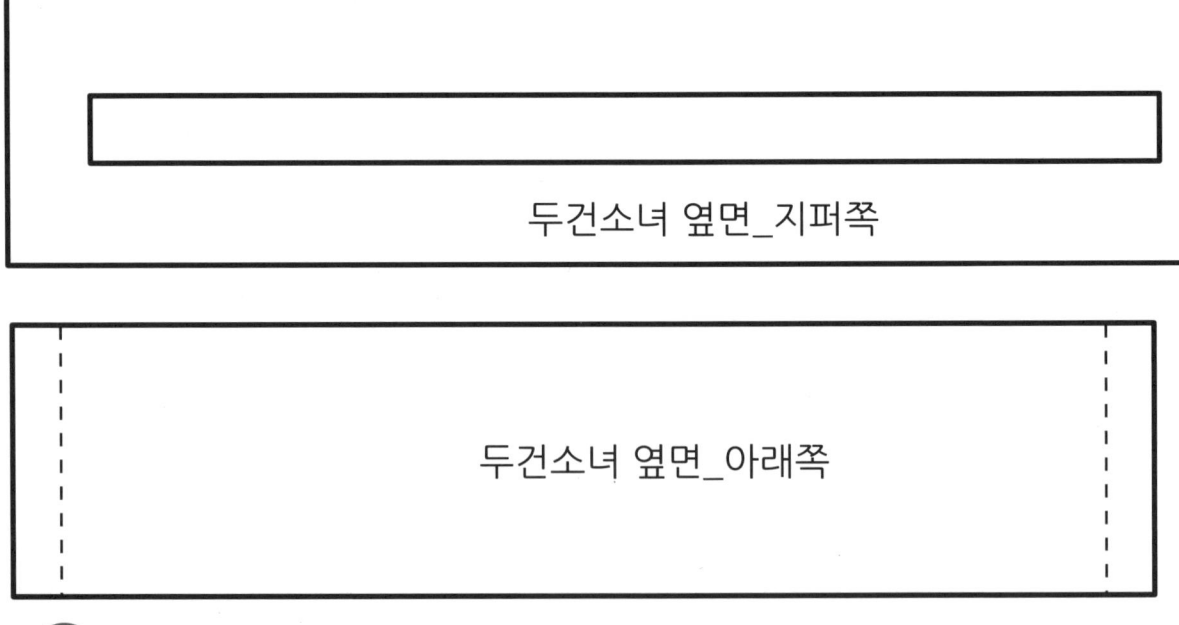

10. 두건소녀 동전지갑

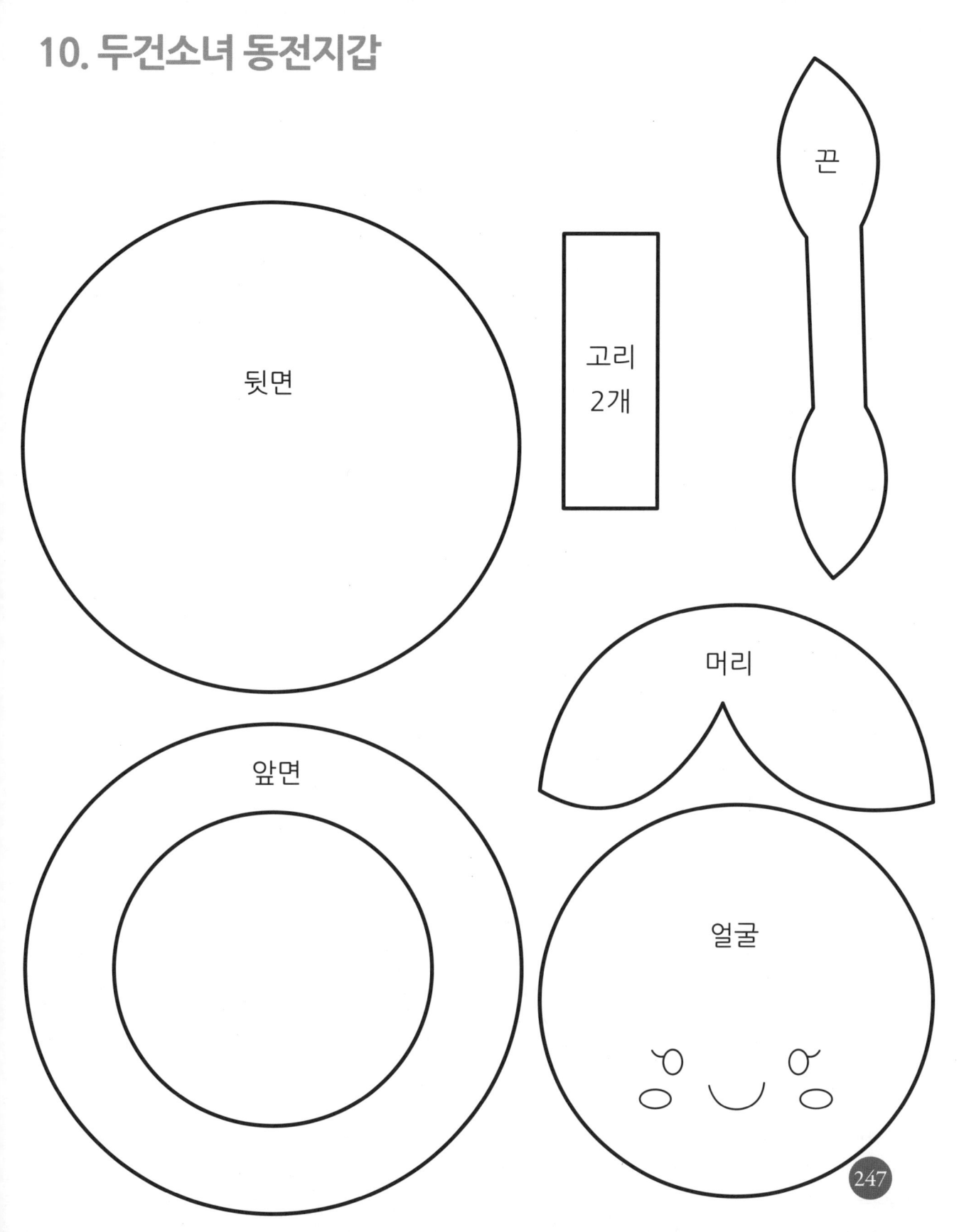

11. 빨간 수박 파우치

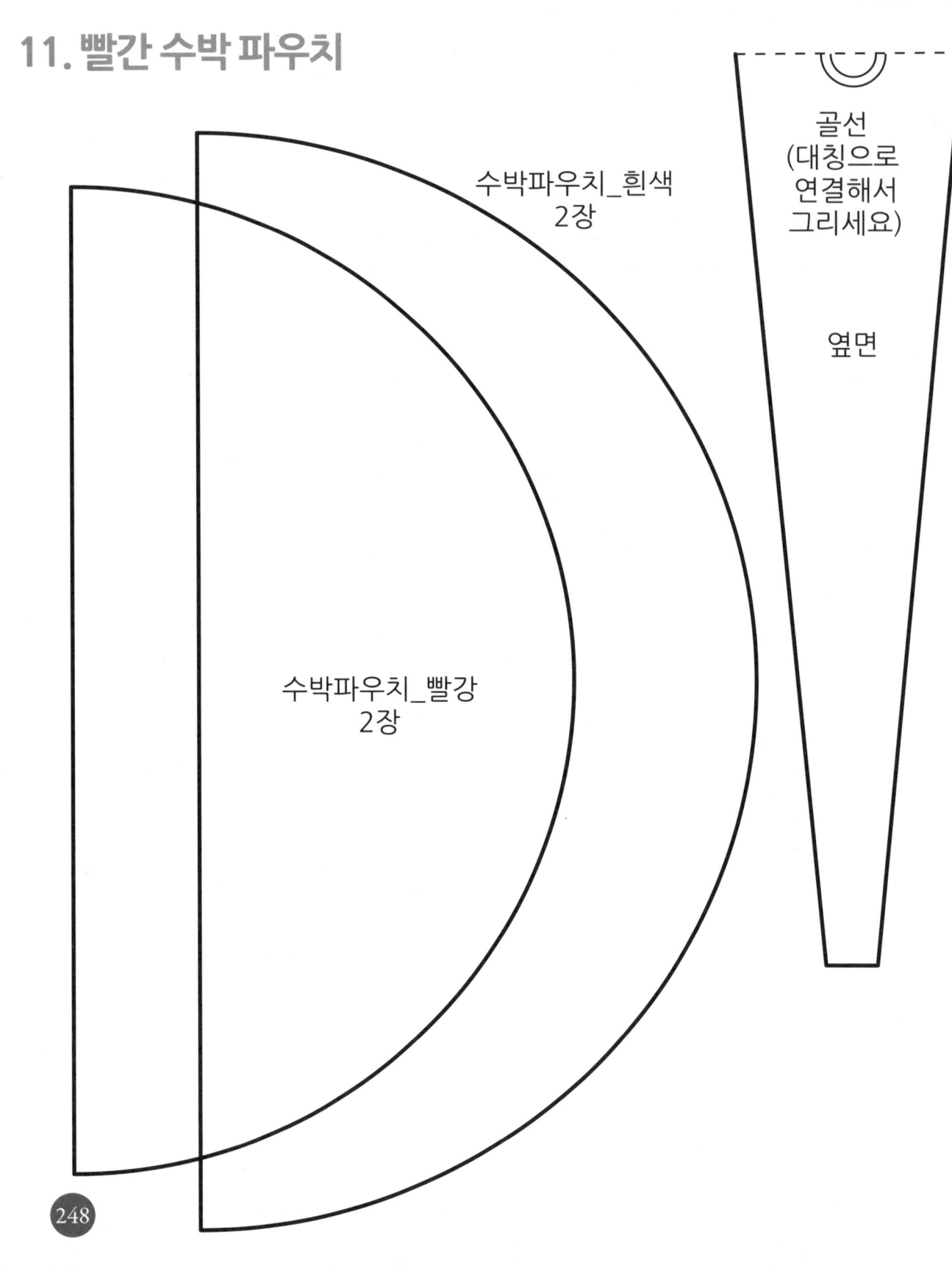

12. 아이스크림 키홀더

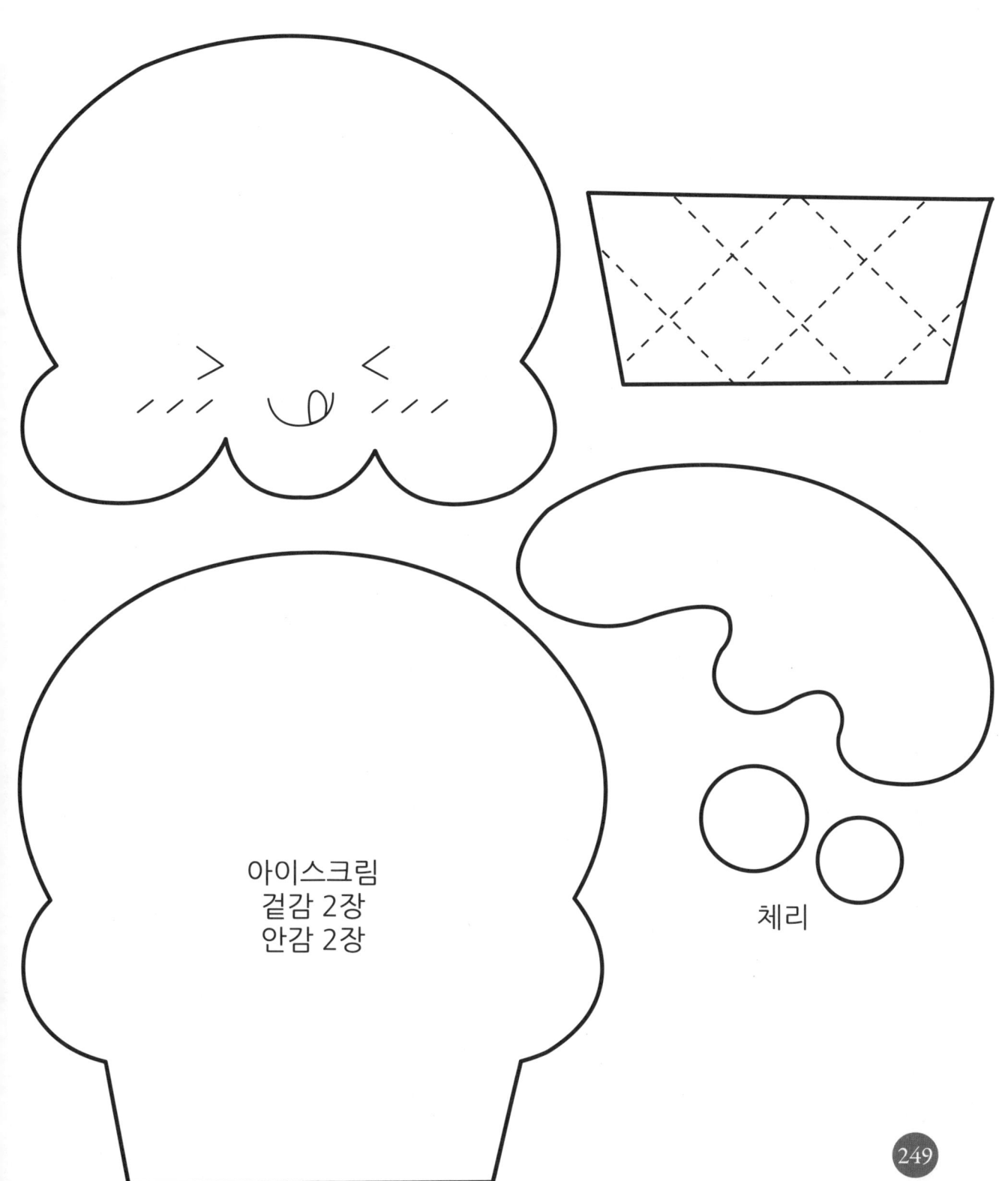

13. 꼬마 벽걸이 함

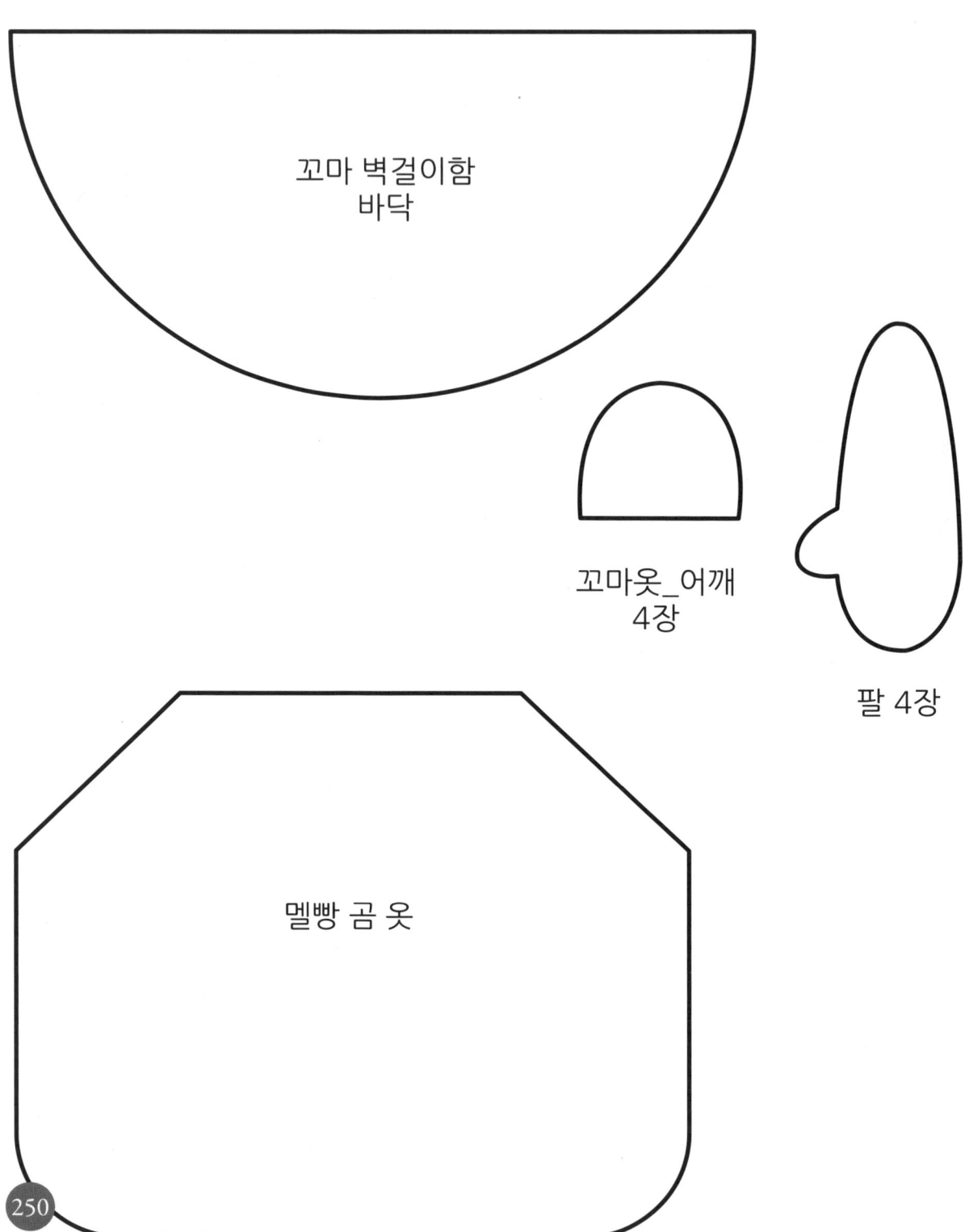

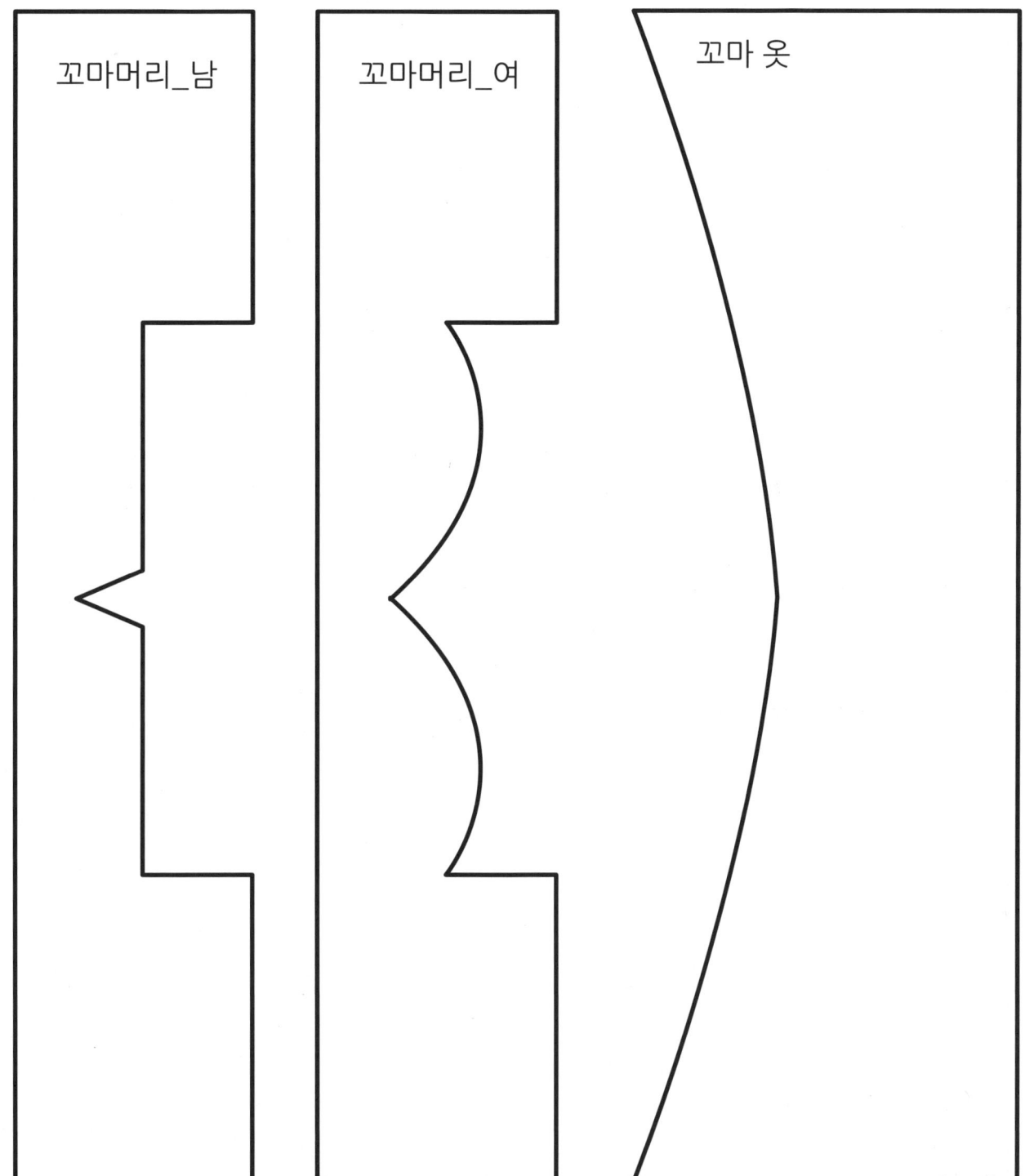

꼬마 앞면_얼굴

꼬마 뒷면_얼굴 12cm x 11cm
꼬마 뒷면_머리 12cm x 3.8cm
꼬마 뒷면_옷 12cm x 6.2cm

칼라

14. 멜빵 곰 손가방, 핸드폰 가방

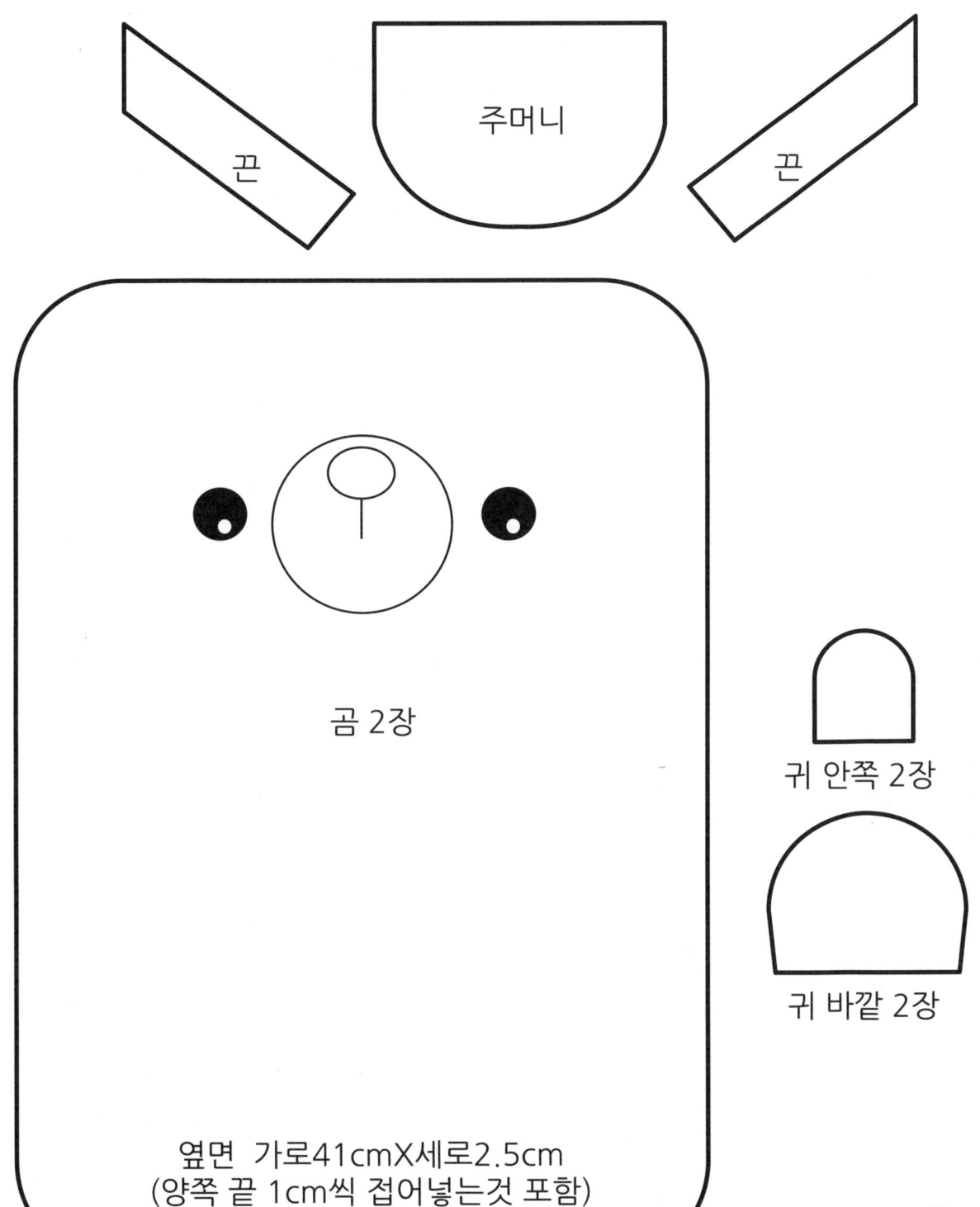

1. 양모 볼 목걸이

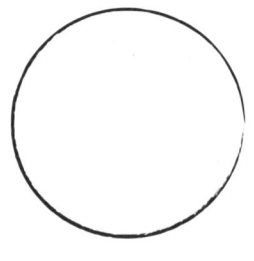

목걸이용 양모볼

2. 쿠키맨 핸드폰 줄

 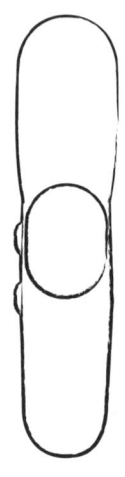

쿠키_앞   쿠키_옆

3. 베어 브로치

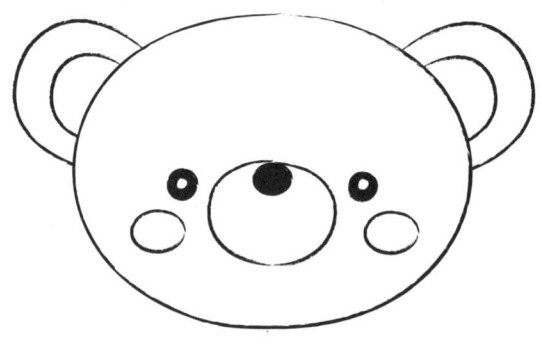 

베어_앞   베어_옆

4. 다람쥐 메모꽂이

다람쥐_앞

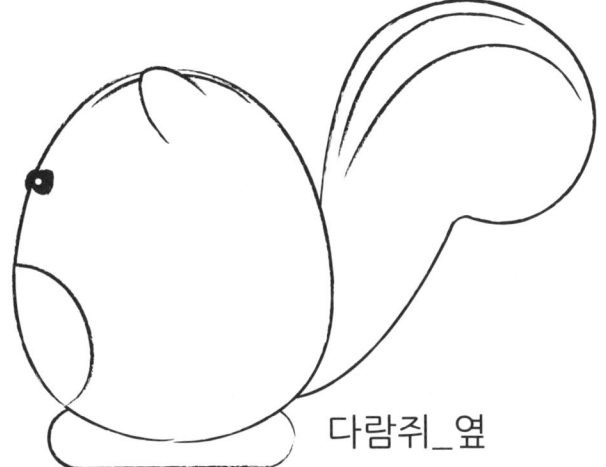
다람쥐_옆

5. 미니 크리스마스트리

트리

10. 새둥지 머핀 장식

새둥지 머핀

6. 노란새 양모 볼 모빌

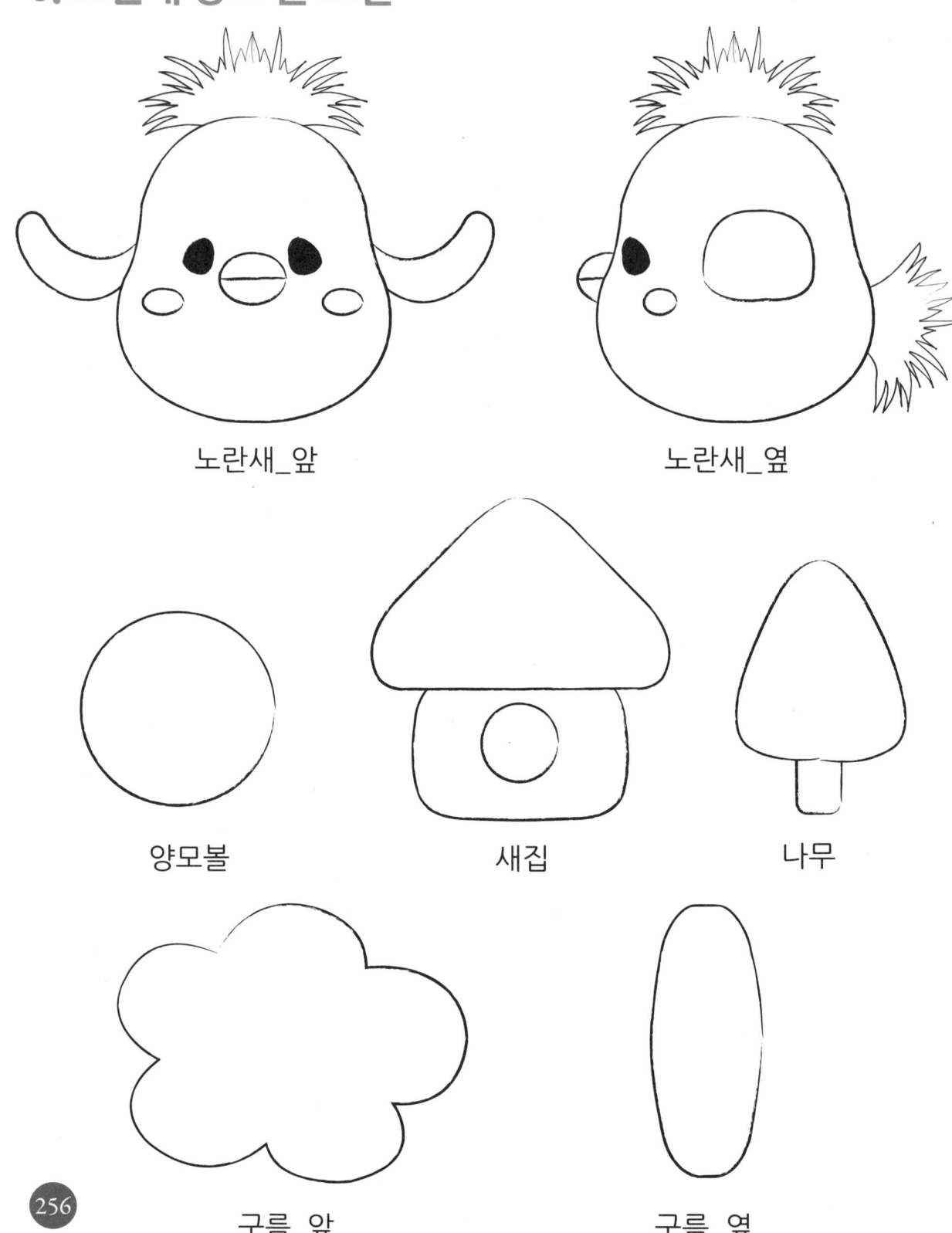

7. 부엉이 가족

 엄마부엉이_앞

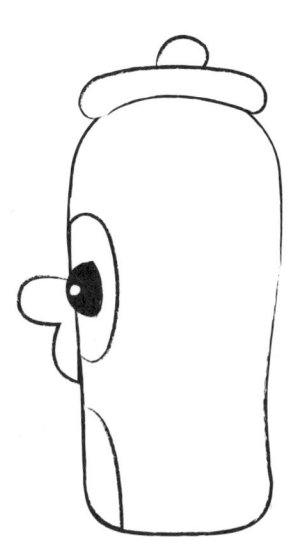 엄마부엉이_옆

9. 사과모자 소녀

소녀 앞모습

소녀 옆모습

8. 동물 친구 토분 핀 쿠션

너구리 옆모습   너구리 앞모습

여우 옆모습   여우 앞모습

8. 동물 친구 토분 핀 쿠션

팬더 옆모습   팬더 앞모습

토끼 옆모습   토끼 앞모습

1. 겨울친구 눈사람 인형

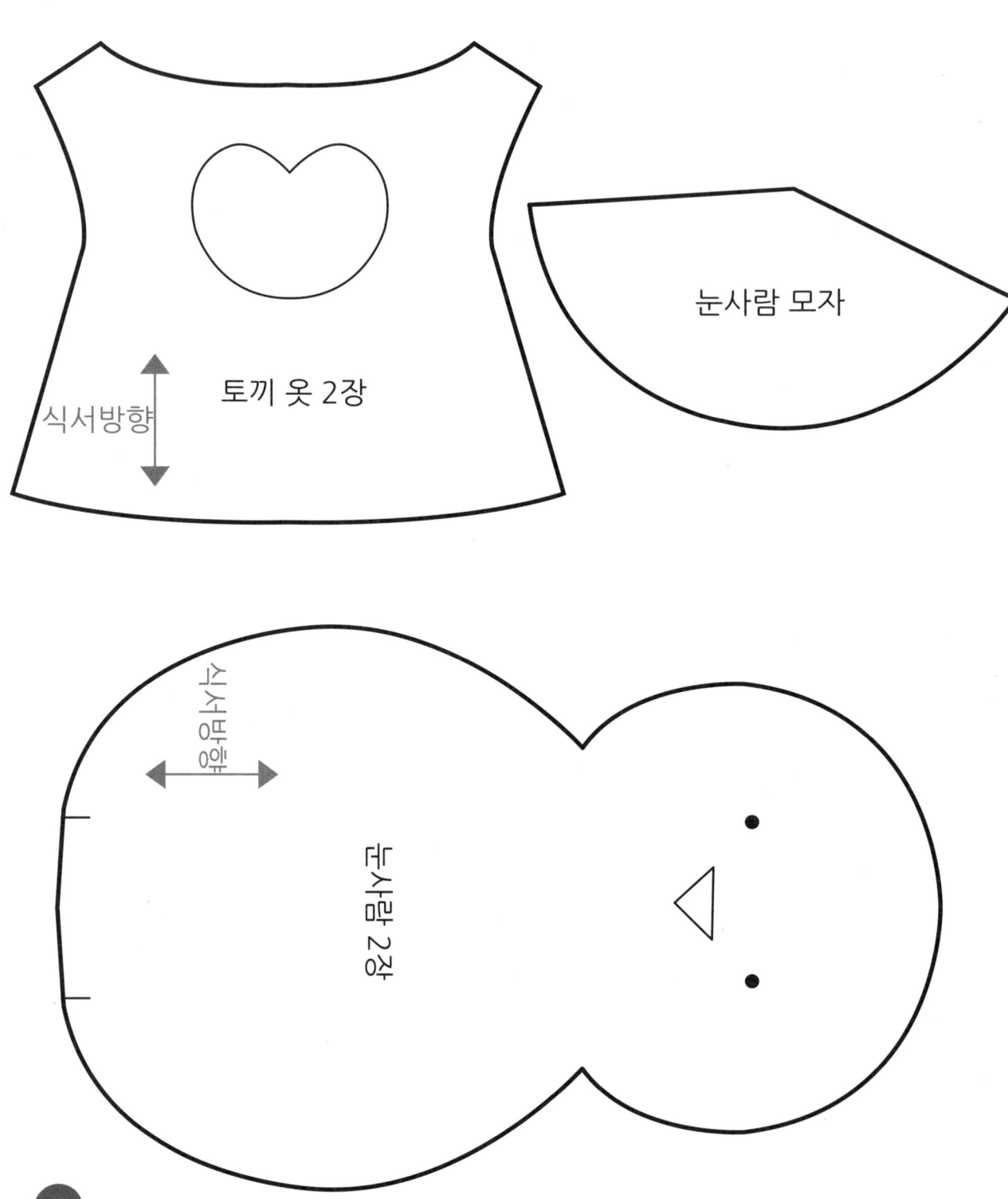

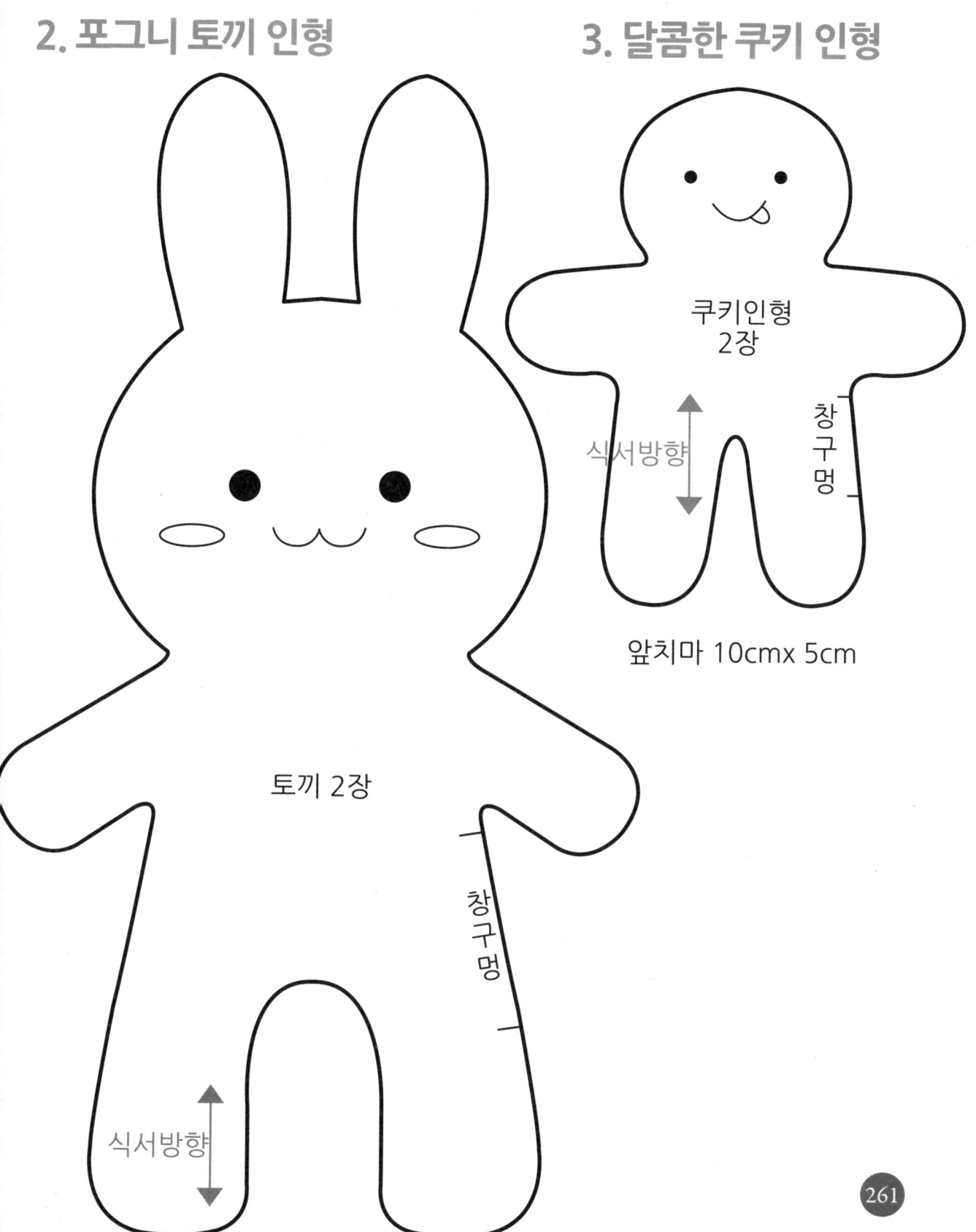

6. 폭신한 등 쿠션 거북이

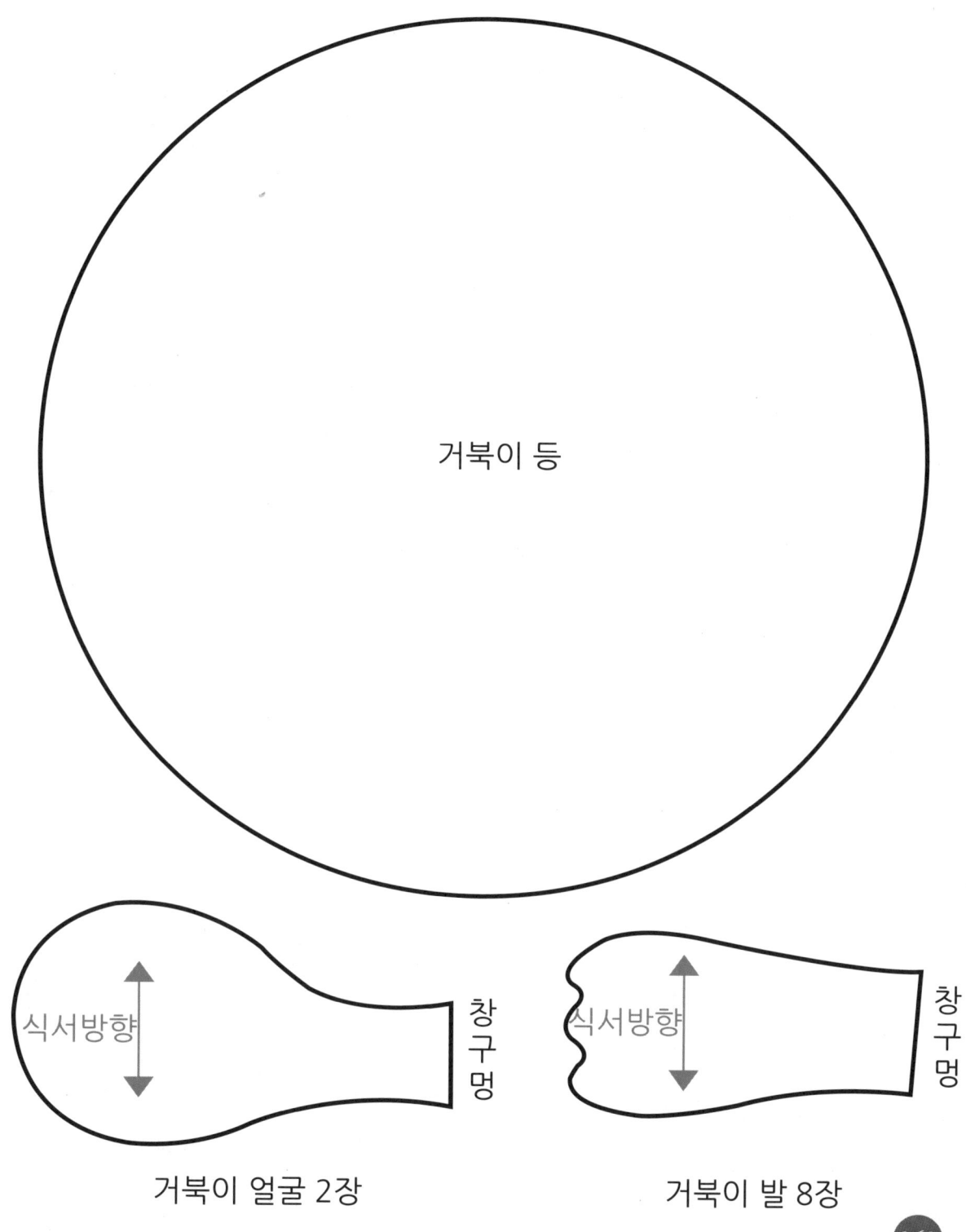

7. 페인팅 패션 토끼

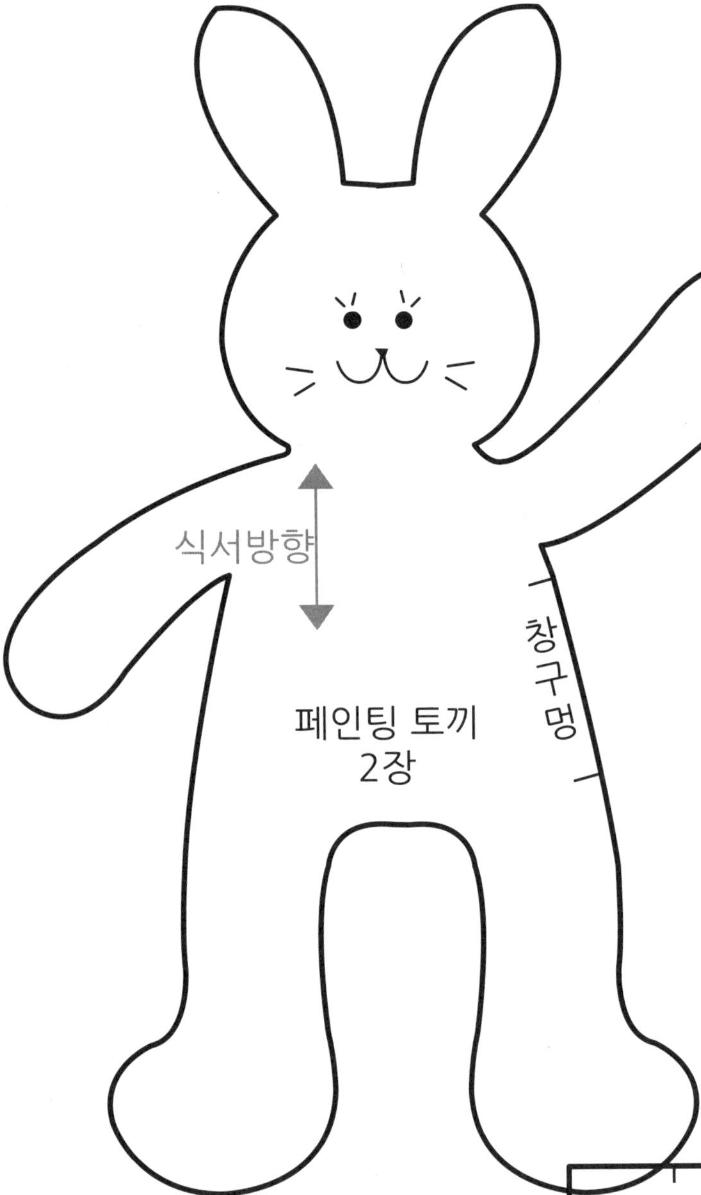

10. 꼬맹이 아가 인형

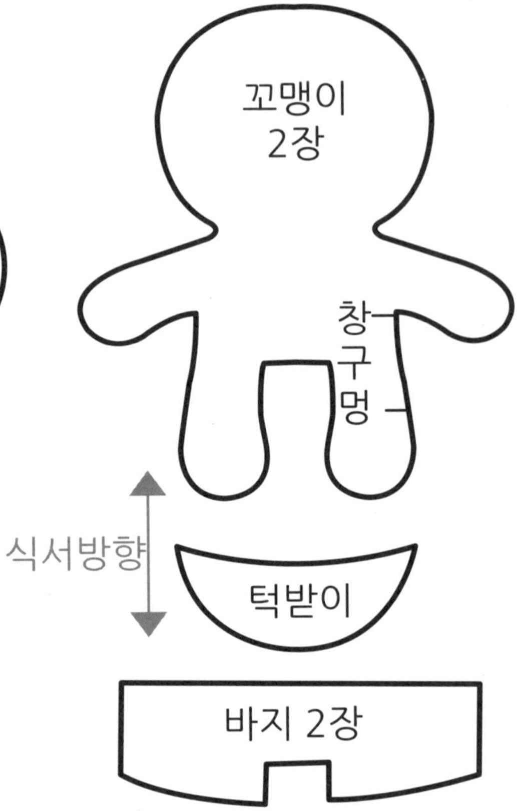

꼬맹이 2장

창구멍

식서방향

턱받이

바지 2장

식서방향

페인팅 토끼 2장

창구멍

8. 꽁지 가방 고리 인형

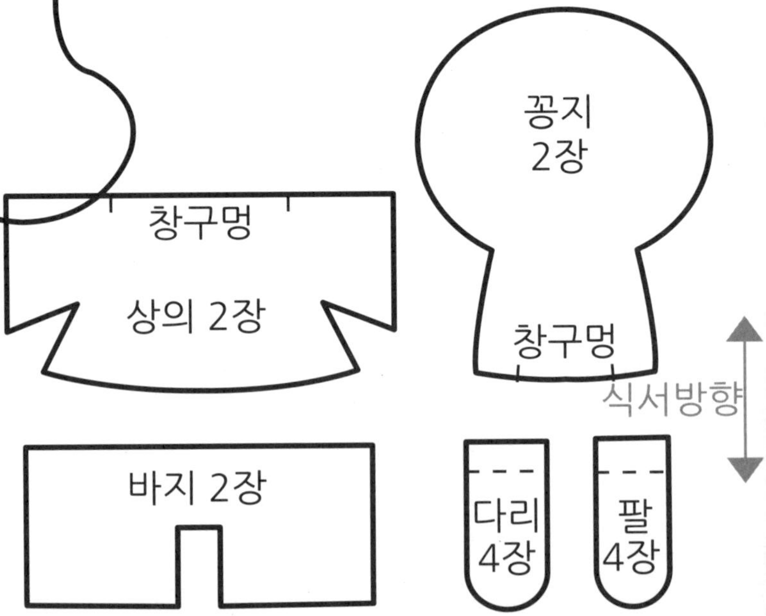

꽁지인형 모자
95cm x 35cm
(시접포함)

창구멍

상의 2장

바지 2장

꽁지 2장

창구멍

식서방향

다리 4장

팔 4장

9. 컨츄리 소녀 쫑아

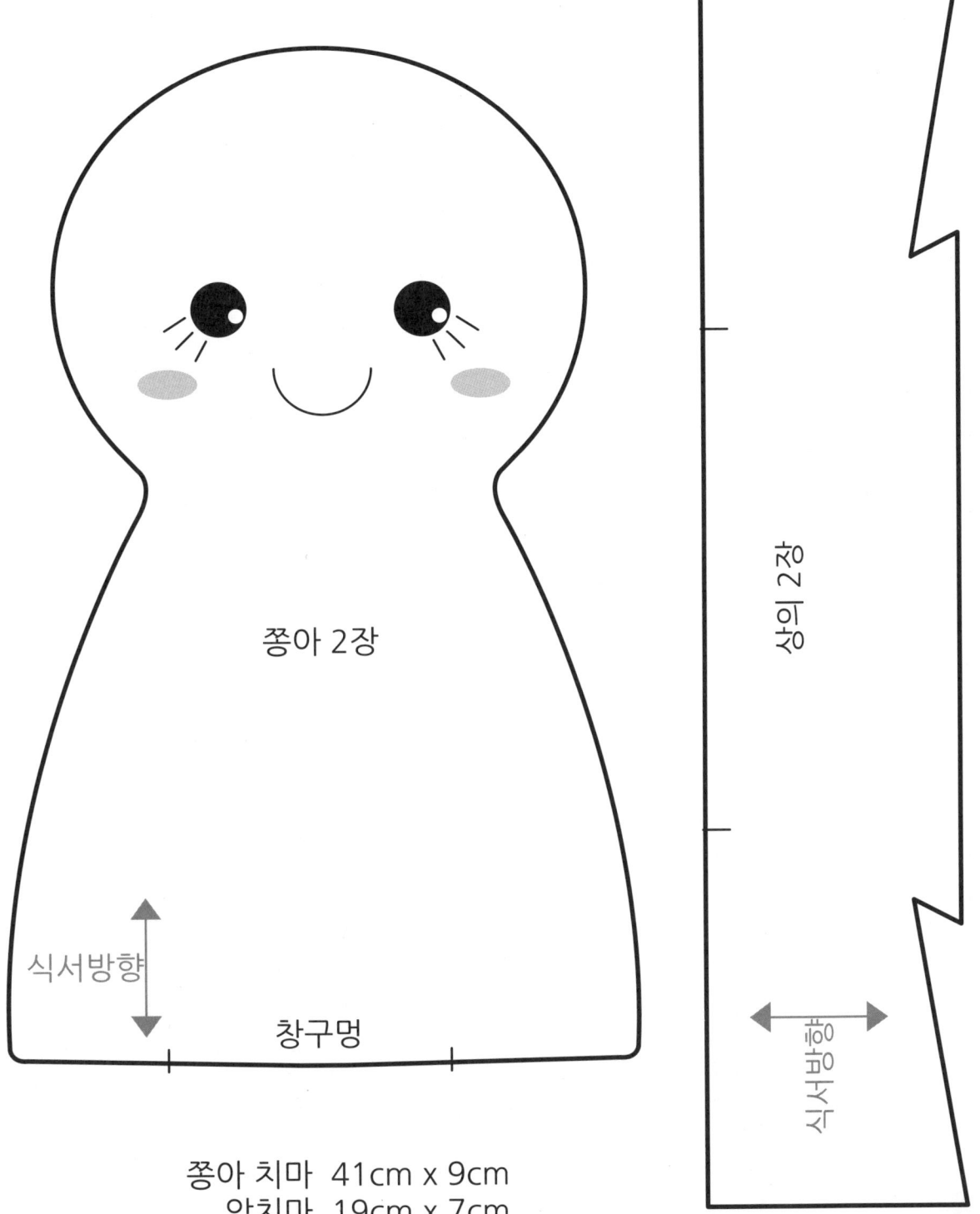

쫑아 치마 41cm x 9cm
앞치마 19cm x 7cm

9. 컨츄리 소녀 쭝아

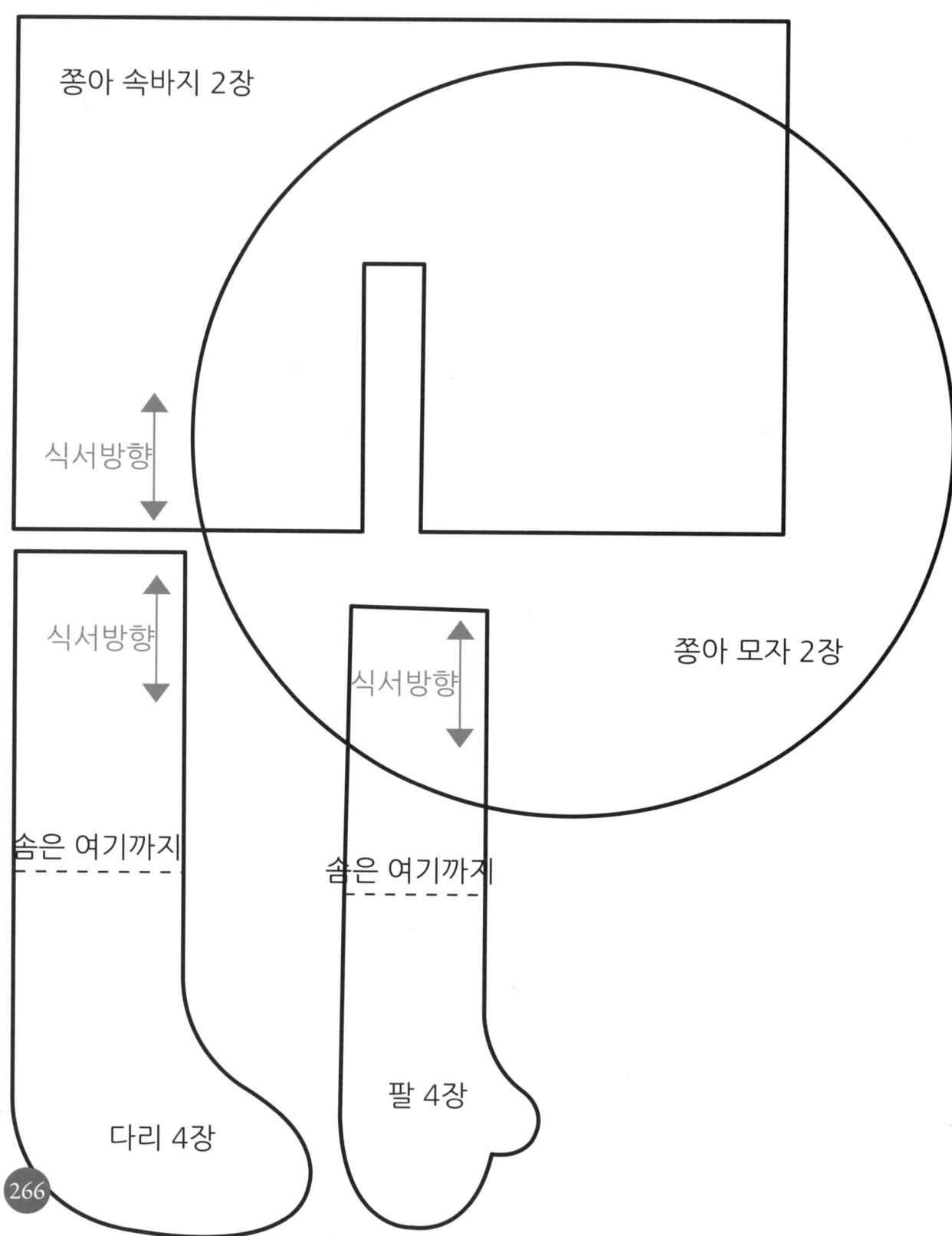

11. 통통소녀 달코미

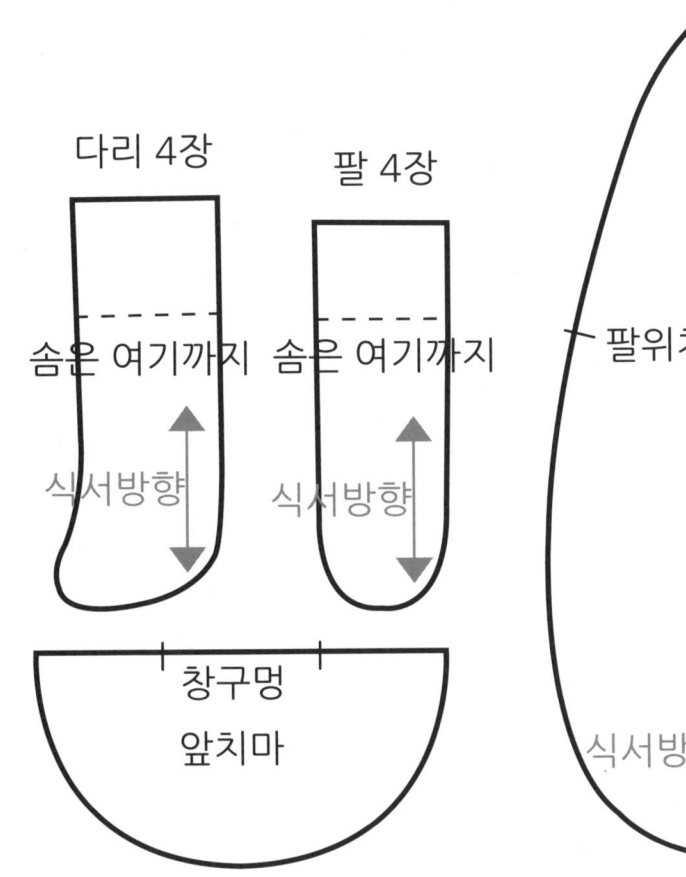
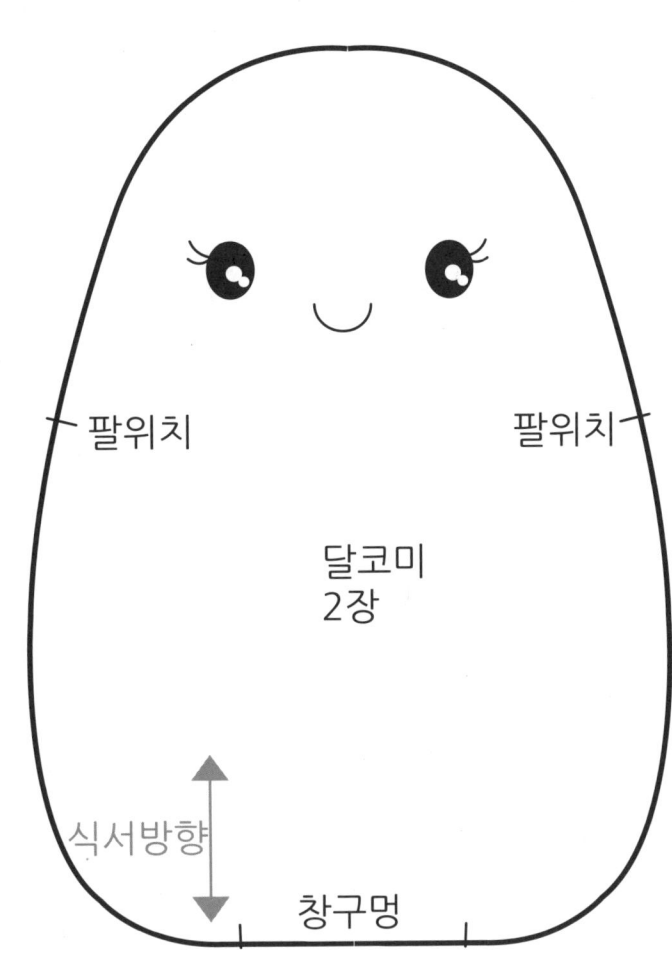
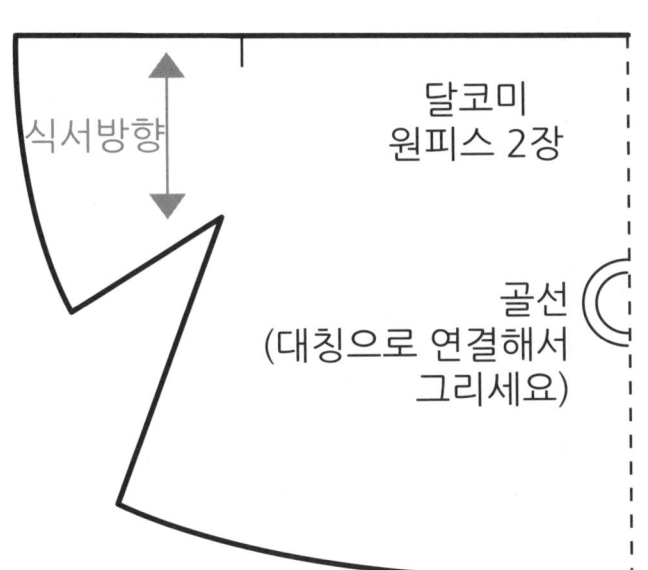
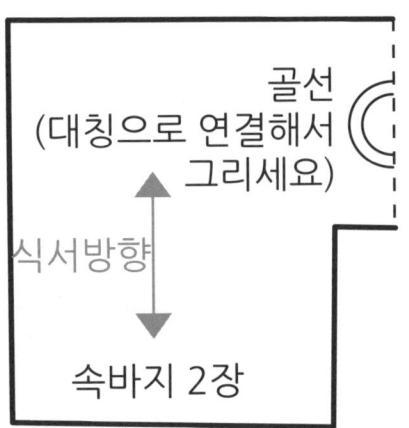

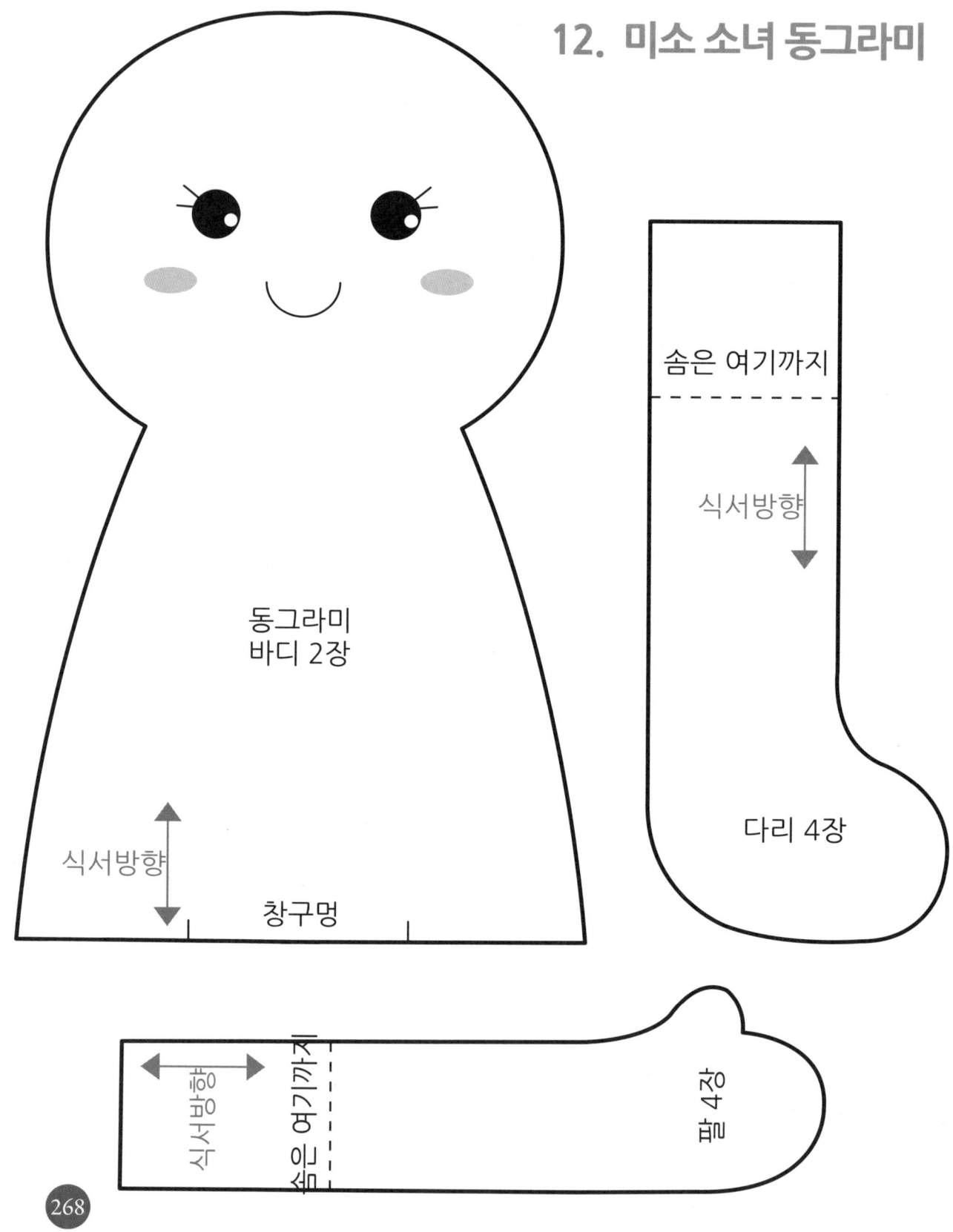

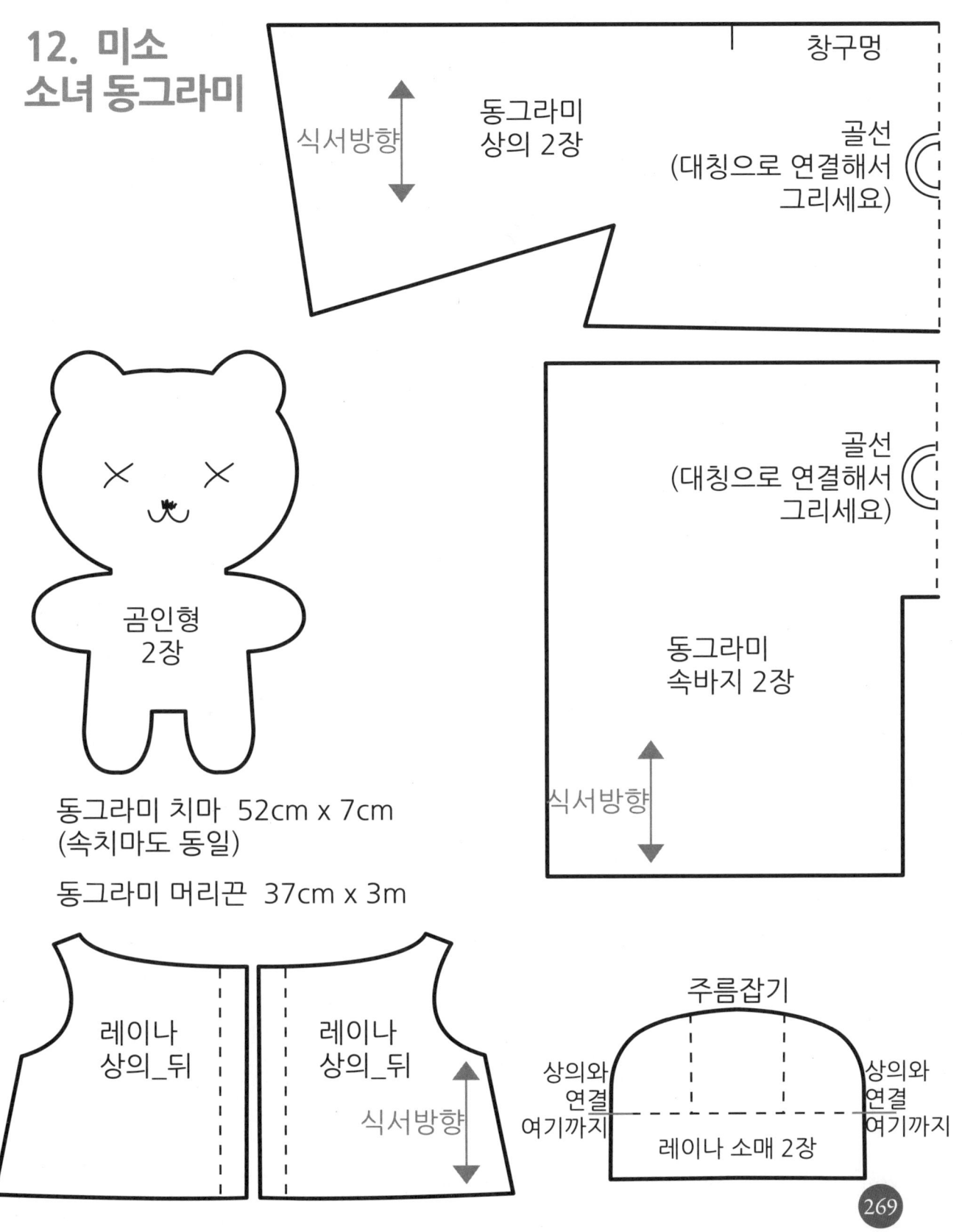

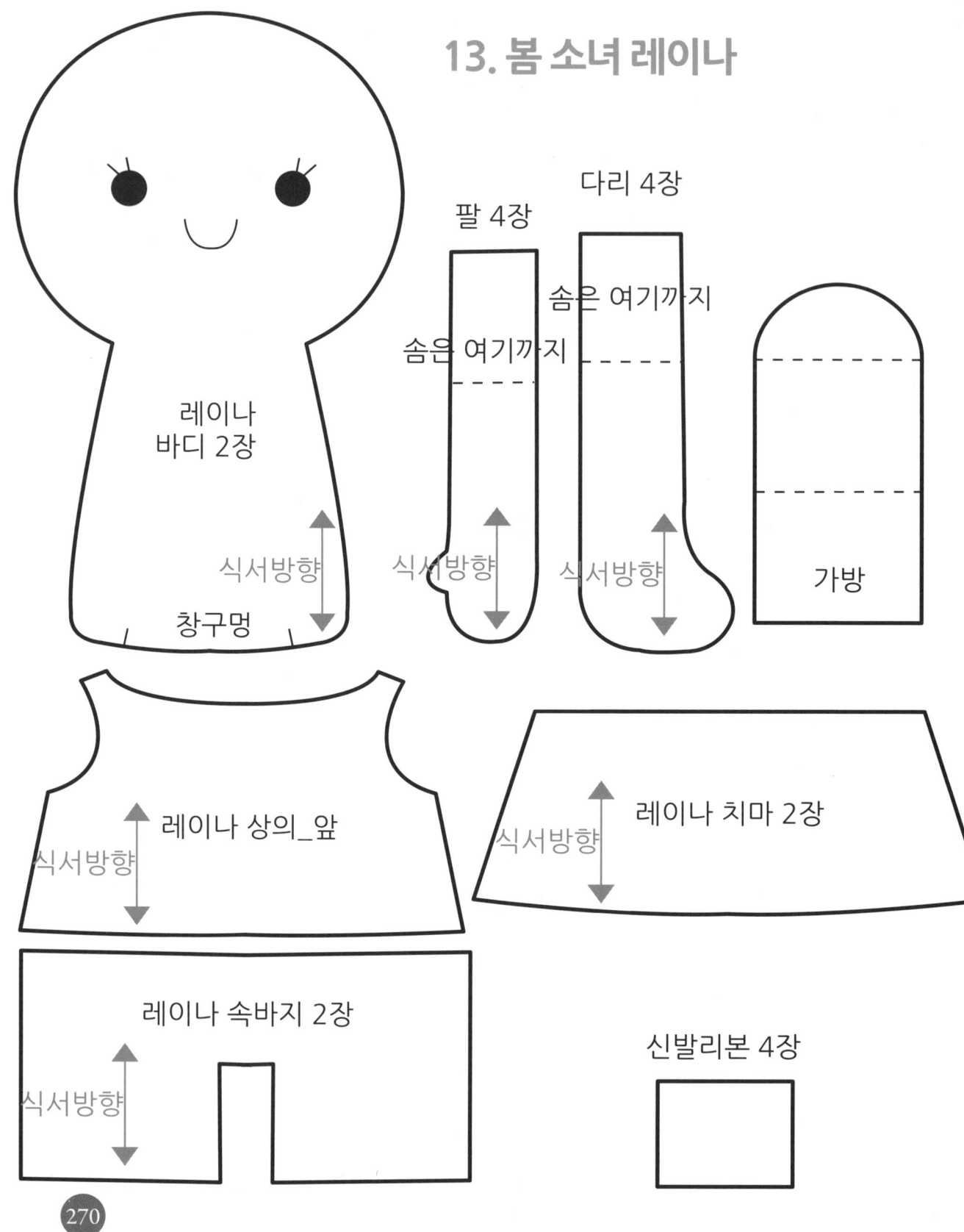

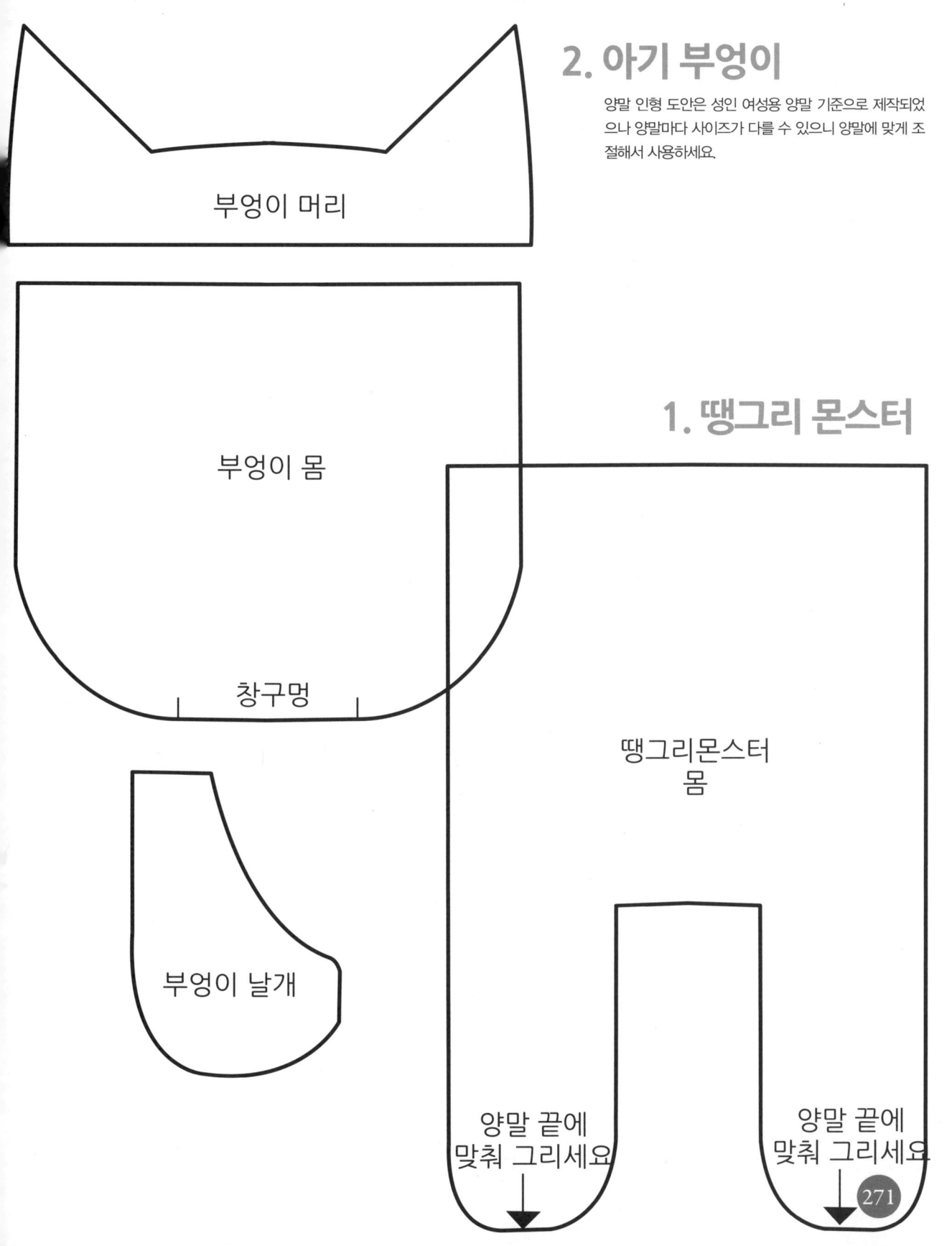

3. 소풍가는 강아지

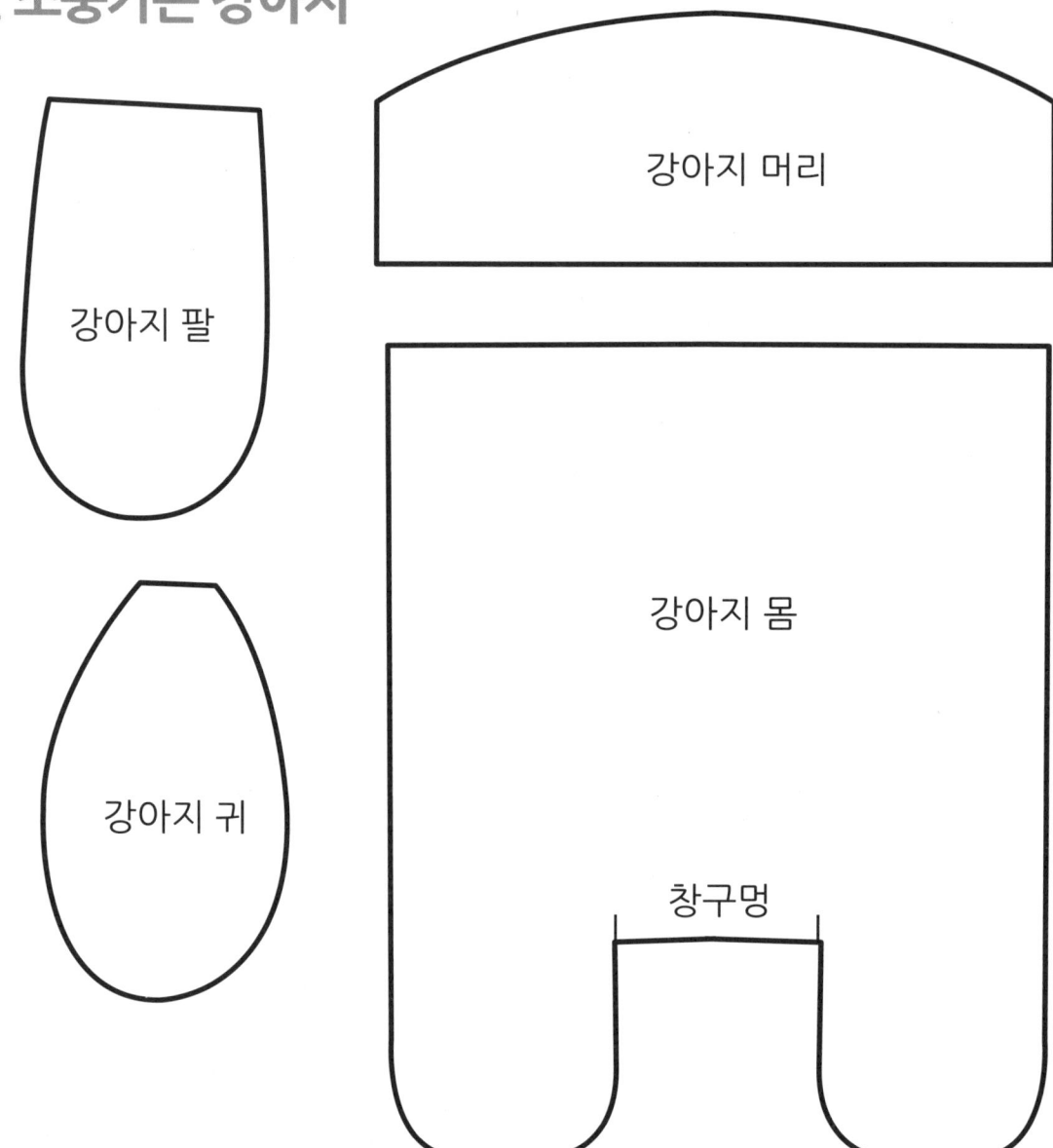